U0594837

武术训练理论与教学
实践研究

宋红红◎著

吉林出版集团股份有限公司

全国百佳图书出版单位

图书在版编目（CIP）数据

武术训练理论与教学实践研究 / 宋红红著. -- 长春:
吉林出版集团股份有限公司, 2022.12
ISBN 978-7-5731-2829-4

Ⅰ. ①武… Ⅱ. ①宋… Ⅲ. ①武术—运动训练—研究
—中国 Ⅳ. ①G852.02

中国国家版本馆CIP数据核字(2023)第035039号

武术训练理论与教学实践研究
WUSHU XUNLIAN LILUN YU JIAOXUE SHIJIAN YANJIU

著　　者　宋红红
出 版 人　吴　强
责任编辑　马　刚
开　　本　710 mm × 1000 mm　1/16
印　　张　10.75
字　　数　152千字
版　　次　2022年12月第1版
印　　次　2023年8月第1次印刷

出　　版　吉林出版集团股份有限公司
发　　行　吉林音像出版社有限责任公司
　　　　　（吉林省长春市南关区福祉大路5788号）
电　　话　0431-81629667
印　　刷　吉林省信诚印刷有限公司

ISBN 978-7-5731-2829-4　　定　　价　48.00元

如发现印装质量问题，影响阅读，请与出版社联系调换。

前　言

在数千年的发展历程中，武术逐步形成内容丰富、价值广泛、文化色彩浓厚的体育文化形态。然而，随着科技的迅速发展、全球化进程的加快及体育市场化的冲击，传统武术很难与现代体育相抗衡。这就对武术的传承和发展提出了新的挑战，也对武术的创新发展提出了更高的要求。当前，武术在学校中得到了广泛的开展，已经成为学校体育教学的重要内容，取得了一定的教学成果。另外，武术不仅在学校有所发展，在竞技、产业方面也有一定发展，这为武术的全面、可持续发展创造了良好的条件。

本书首先介绍了武术的基本功与动作方法，其次对武术散打技法的分析与运用进行研究，并以此为基础，论述了散打运动员的技法训练，最后对武术套路的技法分析和武术套路教学进行了细致的分析与探讨。希望本书能够为读者在武术训练理论与教学实践方面提供参考与借鉴。

在写作过程中，笔者参阅了相关文献资料。由于水平有限，疏漏和不足在所难免，希望广大读者批评指正，并衷心希望同行不吝赐教。

著　者

2022 年 11 月

目　录

第一章　武术的基本功与动作方法

第一节　基本步型与步法

一、基本步型

步型练习主要是增进腿部的速度和力量，以提高两腿移动转换的灵活性和稳固性。

（一）弓步

左脚向前一大步（约为本人脚长的 4～5 倍），脚尖微内扣，左腿屈膝半蹲（大腿接近水平），小腿与地面垂直。右腿挺膝伸直，脚尖内扣（约 45°），两脚全脚掌着地。上体正对前方，眼向前平视，两拳抱于腰间。弓右腿为右弓步，弓左腿为左弓步。

要求与要点：前腿弓，后腿绷；挺胸、塌腰；前脚同后脚成一直线。

（二）马步

两脚平行开立（约为本人脚长的 3 倍），脚尖正对前方，屈膝半蹲，膝部不超过脚尖。大腿接近水平，全脚着地，全身重心落于两脚之间，两手抱拳于腰间。

要求与要点：挺胸、塌腰、展髋、脚跟外蹬。

（三）虚步

两脚前后开立，右脚外展约 45°，屈膝半蹲。左脚脚跟离地，脚面绷平，脚尖稍内扣，虚点地面。膝微屈，重心落于后腿上。两手叉腰，眼向前平视。左脚在前为左虚步，右脚在前为右虚步。

要求与要点：挺胸、塌腰、虚实分明。

（四）仆步

两脚左右开立，右腿屈膝全蹲，大腿和小腿靠紧，臀部接近小腿。右脚全脚着地，脚尖和膝关节外展，左腿挺直平仆，脚尖里扣，全脚着地。两手抱拳于腰间。眼向左方平视。仆左腿为左仆步，仆右腿为右仆步。

要求与要点：两脚全脚掌着地，仆步腿膝关节伸直。

（五）歇步

靠拢全蹲，右脚全脚着地，脚尖外展。左脚前脚掌着地，膝部贴近右腿外侧，臀部坐于左腿接近脚跟处。两手抱拳于腰间。眼向右前方平视。左脚在前为左歇步，右脚在前为右歇步。

要求与要点：挺胸、塌腰，两腿靠拢并贴紧。

（六）丁步

并步呈站立姿势，两腿弯曲膝盖做半蹲动作，右脚掌完全着地，提起左脚脚跟，脚尖向里扣且轻轻点地，将脚面绷直并和右脚脚弓贴紧，将身体重心放在右腿，两手在腰间位置做抱拳动作，两眼以水平高度看向左边。丁步分为左丁步和右丁步，左丁步是指左脚尖点地，右丁步是指右脚尖点地。

教学要点：挺胸、塌腰，两腿靠拢并贴紧。

二、基本步法

步法练习主要是提升腿部的速度，增强两腿的灵活性。

（一）盖步

预备姿势：两脚左右开立与肩同宽，两手叉腰。

动作说明：重心左移，右脚提起，经左脚前向左侧横迈一步，右腿屈膝，脚尖外展。两腿交叉，重心偏于右腿。练习时，可以左右交替进行。

要求与要点：横迈时动作要轻灵，步幅适中。

（二）插步

预备姿势：与盖步同。

动作说明：重心左移，右脚提起，经左脚后向左侧横迈一步，脚前掌着地，两腿交叉，重心偏于左腿。练习时，左右交替进行。

要求与要点：与盖步同。

（三）击步

预备姿势：两脚前后开立与肩同宽，两手叉腰。

动作说明：上体前倾，后脚离地提起，前脚随即蹬地前纵。在空中时，后脚向前碰击前脚。落地时，后脚先落，前脚后落。眼向前平视。

要求与要点：跳起腾空时，要保持上体正直。

（四）垫步

预备姿势：两脚前后开立与肩同宽，两手叉腰。

动作说明：后脚离地提起，脚掌向前脚处落步，前脚立即以脚掌蹬地向前上跳起，将位置让与后脚，然后再屈膝提腿向前落步。眼向前平视。

要求与要点：跳起腾空时，要保持上体正直。

（五）弧形步

预备姿势：两脚前后开立与肩同宽，两手叉腰。

动作说明：两腿略屈，两脚迅速连续向侧前方沿弧线行步。每步大小略比肩宽。眼向前平视。

要求与要点：挺胸、塌腰，保持半蹲姿势；身体重心要平稳，不要有起伏现象；落步时，由脚跟迅速过渡到全脚掌，并注意转腰。

三、桩功

（一）马步桩

两脚平行开立，两脚间的距离是一只脚长度的 3 倍，将身体重心置于两腿间，脚尖正对前方，弯曲膝盖做半蹲动作直到和大腿接近，脚掌完全着地。两个手臂稍稍弯曲水平举在胸前，掌心朝下，两眼看前方。

教学要点：挺胸、直背、塌腰，深呼吸；循序渐进地增加静站时间。

（二）虚步桩

两脚分别朝前方和后方开立，右脚朝外侧伸展 45°，弯曲膝盖做半蹲动作，尽力提起左脚脚跟或右脚脚跟，使脚面充分绷直，脚尖略微朝内侧扣，轻轻点地，膝盖稍稍弯曲，将身体重心置于右腿或者左腿上。两手在腰间位置做抱拳动作，两眼看前方。

教学要点：挺胸、直背、塌腰，虚实分明；循序渐进地增加静站时间。

（三）浑元桩

1. 升降桩

两脚平行开立，两脚间的宽度和肩部宽度相同，两个膝盖及两个肘部略微弯曲，两手心朝下，两手举在胸前，随之配合呼气和吸气做升降动作，上升时配合吸气，小腹向外凸出，下降时配合呼气，小腹向内凹进。

教学要点：头正、颈直，沉肩、垂肘，松腰、敛臀；呼吸深、长、匀、细；循序渐进地增加静站时间。

2. 开合桩

两脚做平行开立动作，两脚的宽度和肩部宽度相同，使两腿膝盖弯曲并且轻轻下蹲。两臂使肘部弯曲，两个手心朝内侧，两手指尖呈相对关系，合抱在身体前方。配合自然呼吸进行开合动作，开时配合吸气，小腹向外凸出，合时配合呼气，小腹向内凹进。

教学要点：头正、颈直，沉肩、垂肘，松腰、敛臀；呼吸深、长、匀、细；不断增加静站时间。

第二节　基本手型与手法

一、基本手型

手型是指武术中手的式样和类型。拳种不同，其手型也多有不同。长拳的基本手型包括拳、掌、勾。手法练习是运用拳、掌、勾等基本手型，结合上肢冲、架、推、亮等运动方法，练习上肢手法的基本规律。

（一）拳

四指并拢卷握，拇指紧扣食指和中指的第二指节，拳面平，手腕直。拳有平拳、立拳之分。拳心向下为平拳，拳眼向上为立拳。

教学要点：拳面要维持在水平状态，手腕要伸直。

（二）掌

就传统武术运动来说，掌就是五个手指处于伸直状态。在传统武术运动的众多手型中，掌占有重要地位。

掌可以划分成八字掌、仰掌、俯掌、侧掌、侧立掌、柳叶掌及直立掌。八字掌是指四个手指合拢在一起，同时努力伸直，拇指向外伸展；仰掌是指四个手指合拢在一起，同时努力伸直，手心朝上直掌；俯掌是指四个手指合拢在一起，同时努力伸直，手心向下直掌；侧掌是指手掌立于胸前，或手掌立于腋前；侧立掌是指掌心朝着不一样的方向，或者侧立在两个侧面的腰间，同时掌心朝向前方；柳叶掌是指拇指侧在上方，拇指和虎口紧紧扣在一起，小指一侧位于下方，小臂和手掌处于某个直线上；直立掌是指拇指朝着掌心的一边弯曲内扣，剩下四个手指合拢在一起，并且向后张开。

教学要点：充分伸展掌心，让指头呈竖直状。

（三）勾

在传统武术运动中，五个手指紧紧聚在一起，并且弯曲腕关节，就是勾，又叫勾手。反勾手是指勾尖朝上，下勾手是指勾尖朝下。

教学要点：努力让手腕弯曲。

（四）爪

在传统武术当中，爪是指五个指头处于分开状态或者合拢状态，手指内扣弯曲。爪是练习武术的人在模仿飞禽走兽的基础上逐步形成的。

教学要点：手掌和手指弯曲，并且紧紧地扣在一起。

二、基本手法

（一）冲拳

冲拳分平拳与立拳两种。平拳拳心向下，立拳拳眼向上。

预备姿势：两脚左右开立，与肩同宽，两拳抱于腰间，肘尖向后，拳心向上。

动作说明：挺胸、收腹、直腰，右拳从腰间向前猛力冲出，转腰、顺肩，在肘关节过腰后，右前臂内旋。力达拳面，臂要伸直，高与肩平，同时左肘向后牵拉。练习时，可左右交替进行。

教学要点：出拳要快速有力，要有寸劲（爆发力），做好拧腰、顺肩、急旋前臂的动作；侧冲拳、上冲拳要求相同，唯方向不同。

（二）架拳

预备姿势：两脚左右开立，与肩同宽，两拳抱于腰间，肘尖向后，拳心向上。

动作说明：右拳向下、向左、向上经头前向右上方画弧架起，拳眼向下，眼看左方。练习时，可左右交替进行。

教学要点：松肩，肘微屈，前臂内旋。

（三）劈拳

预备姿势：两脚左右开立，与肩同宽，两拳抱于腰间，肘尖向后，拳心向上。

动作说明：右拳向左、向上经头上向右下快速劈击，臂伸直，高与肩平。眼看右方。练习时，左右交替进行。

教学要点：松肩，拳握紧，力达拳轮；抡拳时臂要抡成立圆，劈击。

（四）撩拳

预备姿势：与冲拳同，唯两脚弓步站立。

动作说明：右拳由下向前上方弧形直臂撩击，拳眼或拳心斜向上，眼看右拳。

教学要点：撩击速度要快，力达拳眼。

（五）贯拳

预备姿势：同撩拳相同。

动作说明：右拳从体侧斜下方向体前上方弧形横击，肘微屈，拳心向下，拳面向左。眼看右拳。练习时，左右交替进行。

教学要点：以腰带动手臂，动作幅度要大，力达拳面。

（六）推掌

预备姿势：与冲拳同。

动作说明：右拳变掌，前臂内旋，并以掌根为力点向前猛力推击。推击时要转腰、顺肩，臂要伸直，高与肩平。同时，左肘向后牵拉。练习时，可左右交替进行。

教学要点：挺胸、收腹、直腰；出掌要快速有力，坐腕，有寸劲。

（七）亮掌

预备姿势：与冲拳同。

动作说明：右拳变掌，经体侧向右、向上画弧，至头部右前上方时，抖腕亮掌，臂成弧形。掌心朝侧上，眼随右手动作转动。亮掌时，注视左方。练习时，可左右交替进行。

教学要点：抖腕、亮掌与转头要同时完成。

（八）摆掌

预备姿势：与冲拳同。

动作说明：右拳变掌，前臂内旋向右，然后屈肘再向上、向左，经脸前坐腕，摆至左胸前，掌指向上，掌心朝外。眼看左方。练习时，左右交替进行。

教学要点：松肩、垂肘、坐腕、翘指；掌弧形摆动屈肘，坐腕、翘指、摆头动作要一气呵成。

第三节　肩臂与腰的练习

一、肩臂练习

肩臂练习主要是增进肩关节韧带的柔韧性，加大肩关节的活动范围，增强臂部力量，提高上肢运动的敏捷、松长、转环等能力。主要练习方法有压肩、绕环、抡臂等。

（一）压肩

预备姿势：面对肋木（或一定高度的物体）站立，距离一大步，两脚左右分开，与肩同宽或稍宽。

动作说明：两手抓握肋木，上体前俯（挺胸、塌腰、收髋）并做下振压肩动作。利用肋木压肩时，还可由另一人骑坐在练习者背上，随着练习人的下振动作，有节奏地给以助力；也可以两人对面站立，互相扶按肩部，做体前屈的振动压肩动作。

教学要点：两臂、两腿要伸直，振幅应逐步加大，压点集中于肩部；增加阻力时应由小到大。

（二）握棍转肩

预备姿势：并步站立，两手正握小棍于体前，两手相距一定距离。

动作说明：以肩关节为轴，两臂由体前经头顶绕至背后，然后再由背后经头顶绕至体前。

教学要点：两臂始终保持直臂姿势，两手持棍的距离要保持不变。

（三）俯撑

预备姿势：两腿并拢伸直，两手距离同肩宽，手指朝前直臂撑地，身体呈俯卧状。

动作说明：臀部凸起，上体从前向后移动，随即两臂屈肘，上体从后向下、向前移动，至两臂伸直，然后再从前向上、向后移动。

教学要点：两腿必须始终伸直，上体贴近地面前移；身体前后移动幅度要大；初练时可慢些，以后逐渐加快练习速度。

（四）倒立

预备姿势：对墙前后站立。

动作说明：两臂伸直，两手距离同肩宽撑地，左腿蹬地，右腿摆动，靠墙倒立。初练时也可由助手帮助完成倒立。

教学要点：挺胸、抬头、立腰，两腿并拢伸直；静止时间可逐渐增加，熟练后可不靠墙做。

（五）单臂绕环

预备姿势：成左弓步站立，左手按于左膝上（也可两脚开立，左手叉腰），右臂于体侧上举，掌心向内。

动作说明：右臂由上向后、向下、向前绕环，为向后绕环；右臂由上向前、向下、向后绕环，为向前绕环。练习时，左右交替进行。做左臂绕环时，换右弓步站立。

教学要点：臂伸直，肩放松，画立圆，逐渐加速。

注：绕环的方向以动作开始时的位置为准，如开始时臂向后运动即为向后绕环，开始时臂向前运动即为向前绕行。

（六）双臂交叉绕环

两脚完成开立动作，伸直两臂做上举动作，左臂向前一下一后绕环、右臂向后一下一前绕环或左臂向后一下一前绕环、右臂向前一下一后绕环。

教学要点：充分放松上体，在身体两侧画立圆；用最快速度完成动作。

（七）仆步抡拍

两脚做开立动作，身体上半部分向左转形成左弓步，右手掌朝左前下方伸展，左手掌朝里，插在右肘的关节位置。在保持上动不停的基础上，按照先后顺序完成以下动作：身体上半部先往左转，然后准确做出右臂向上一右一下抡至右腿内侧拍地动作，左臂向下一左抡臂停留在身体的左上方位置。在仆步抡拍的全过程中，两眼应当始终看向右手。

教学要点：充分伸直两臂，使用腰部力量来带动两臂，上抡臂要贴近耳朵，下抡臂要贴近双腿；要保障动作的连贯性。

二、腰的练习

腰是贯通上下肢体的枢纽，是较集中反映身法技巧的关键。俗话说："练拳不练腰，终究艺不高。"练腰的主要方法有俯腰和下腰两种。

（一）前俯腰

预备姿势：并步站立，两臂上举，两手手指交叉，手心朝上。

动作说明：上体前俯，两手尽量贴地。然后两手松开，抱住两脚跟腱，逐渐使胸部贴近腿部，持续一定的时间再起立。

教学要点：两腿挺膝伸直，挺胸、塌腰、收腹，并向前折体。

（二）侧俯腰

预备姿势：并步站立，身体向左转体，两臂上举，两手手指交叉，手心朝上。

动作说明：上体向左侧下屈，两手掌心贴地。持续一定时间后，再起身做另一侧。

教学要点：两腿挺膝伸直，两脚不能移动，上体尽量下屈。

（三）甩腰

预备姿势：开步站立，两臂上举，掌心向前。

动作说明：以腰、髋关节为轴，上体做前后屈和甩腰动作，两臂也跟着甩动，两腿伸直。

教学要点：前后甩腰速度要快，两腿保持直立姿势，动作紧凑而有弹性。

（四）下腰

预备姿势：两脚开立，略宽于肩，两臂自然下垂。

动作说明：两臂伸直上举，腰向后弯，抬头，挺腰，两手撑地呈桥形。

教学要点：挺膝、挺髋，腰向上顶；桥弓要大，脚跟不得离地。

第四节　腿法与跌仆滚翻练习

一、腿法练习

腿法练习主要是提升腿部的柔韧性、灵活性和力量等素质。练习方法有压腿、搬腿、劈腿和踢腿等。

（一）压腿

1. 正压腿

压腿的主要作用是拉长腿部的肌肉和韧带，加大髋关节的活动范围。

预备姿势：面对把杆、肋木或一定高度的物体，并步站立。

动作说明：左腿提起，脚跟放在肋木上，脚尖勾起，踝关节屈紧，两手扶按膝上。两腿伸直，立腰，收胯，上体前屈，并向前、向下做压振动作。练习时，左右腿交替进行。

要求与要点：直体向前、向下压振，逐渐加大振幅，先以前额、鼻尖触及脚尖，然后过渡到下颌触及脚尖。

2. 侧压腿

侧对肋木，以右腿为支撑腿，脚尖朝外侧展开，把左脚跟放置在肋木上，勾住脚尖使其处于紧绷状态，将右臂上举，左手掌在右胸前，身体上半部分朝左边压振。

教学要点：立腰、展髋，直体侧压；循序渐进地增加压腿振幅。

3. 后压腿

身体背对肋木，左脚的脚背置于肋木上，使脚面处在绷直状态，一双手叉在腰部位置，身体上半部分向后弯曲，同时做振压动作。

教学要点：挺胸、展髋，腰尽量向后弯曲；循序渐进地增加压腿振幅。

4. 仆步压腿

两脚分别向左右两个方向开立，右腿弯曲膝盖完全下蹲，左腿挺直膝盖充分前伸，脚尖向内侧扣紧。两脚的脚掌完全着地，两手抓握住两脚的外侧。

教学要点：挺胸、塌腰、沉髋，臀部与地面尽可能靠近；循序渐进地增加身体上半部分的下压振幅。

（二）搬腿

1. 正搬腿

将右腿作为支撑腿，弯曲左腿膝盖，将左腿提起，左脚由右手负责托握，膝盖由左手抱住。左腿朝着前上方方向举起，挺直膝盖，勾住脚尖使其处于紧绷状态。也可以让同伴将脚跟托住尽可能往上扳。

教学要点：挺胸、立腰、收髋；循序渐进地增加上扳高度。

2. 侧扳腿

弯曲右腿膝盖，提起右腿，右手绕过小腿里侧将脚跟托起，随之把右腿朝着身体的右上方扳起，左臂上举做亮掌动作。此外，也可以依靠同伴的帮助，把脚跟托住往身体的一旁扳腿。

教学要点：伸腿、挺胸、立腰、开髋；循序渐进地增加上扳高度。

（三）劈腿

1. 竖叉

双手在身体的左边和右边扶地或者使两臂做侧平举动作，将两腿朝着前后方向分开，使两腿在一条直线上，让左腿的后半部分着地，勾起脚尖；右腿靠里的部分着地或者右腿前半部分着地，脚尖紧绷。

教学要点：挺胸、立腰、沉髋、挺膝。

2. 横叉

双手在身体前方扶地或者使双臂呈侧平举状态，两腿朝着左右方向分开且在一条直线上，使双腿的内侧分别着地。

教学要点：挺胸、立腰、展髋、挺膝。

（四）控腿

控腿主要是发展腿部力量，提高腿支撑和上举的控制能力，练习方法有前控、侧控、后控三种。

1. 前控腿

预备姿势：右手扶肋木或一定高度的物体，左手叉腰，侧向并步站立。

动作说明：左腿屈膝前提，脚尖绷直或勾紧，徐徐向前上伸出。练习时，左右交替进行。

要求与要点：挺胸、直背、挺膝；腿要缓缓伸出，伸出后要静止片刻再还原；控腿的高度可逐渐增高。

2. 侧控腿

预备姿势：右手扶肋木或一定高度的物体，左手叉腰，侧向并步站立。

动作说明：左腿屈膝侧提，脚尖绷直或勾紧，向外侧前上伸出。练习时，左右交替进行。

要求与要点：同前控腿。

3. 后控腿

预备姿势：左手扶肋木或一定高度的物体，右手叉腰，侧向并步站立。

动作说明：右腿屈膝前提，脚尖绷直，向后上伸出。练习时，左右交替进行。

要求与要点：同前控腿。

（五）踢腿

1. 正踢腿

右手负责将肋木扶稳，左手叉在腰部位置，并步在侧面站立。以右腿为支撑腿，勾起左脚，挺直膝盖向上方踢出，随之使左腿下落并还原。

教学要点：挺胸、立腰、收腹、沉髋；踢左腿时，当腿部越过腰之后要适当提高速度。

2. 侧踢腿

双手将肋木牢牢扶稳，站立姿势呈丁字步。以右腿为支撑腿，将左脚勾起，挺直膝盖朝侧面踢起，随之使左腿下落还原到起初状态。

教学要点：挺胸、立腰、收腹、沉髋；当腿部越过腰之后要适当提高速度。

（六）弹腿

预备姿势：两腿开立，两手叉腰。

动作说明：右腿屈膝提起，大腿与腰平，右脚绷直。弹出时，要迅速猛力挺膝，向前平踢（弹击），力达脚尖；大腿与小腿成一直线，高与腰平。左腿伸直或微屈支撑。两眼平视。

要求与要点：挺胸、立腰、脚面绷直、收髋；弹击要有寸劲（爆发力）。

（七）蹬腿

预备姿势：与弹腿同。

动作说明：与弹腿同，唯脚尖勾起，力点达于脚跟。

要求与要点：与弹腿同，唯强调勾脚尖。

（八）扫腿

扫腿属于扫转性腿法，包括直身前扫腿和伏地后扫腿两种。

1. 直身前扫腿

预备姿势：左脚向右腿后插步，同时两手由下向左、向上、向右弧形摆掌。右臂伸直，高与肩平，成侧立掌；左掌附于右上臂内侧，掌指向上。目视右方。

上体左后转 180°，左臂随体转向左后方平搂至体左侧，稍高于肩；右臂随体转自然平移至体右侧，掌心朝前，掌指朝右下方。重心放在左腿，成右仆步。上体继续左转，左脚尖外撇。在左脚尖外撇的同时，左脚跟抬起，以左脚前掌碾地，右腿平铺，脚尖内扣，脚掌着地，直腿向前扫转一周。

动作要点：头部上顶，眼睛随体转平视前方，上体正直。在扫转时，始终保持右仆步姿势，保持身体重心平衡，右膝不要弯曲。

2. 伏地后扫腿

预备姿势：左脚向前开步，左腿屈膝半蹲；右腿挺胸伸直，成左弓步。同时，两掌从腰侧向前平直推出，掌指朝上，小指一侧朝前。眼看两掌尖。

左脚尖内扣，左腿屈膝全蹲，成右仆步，同时上体右转并前俯。两掌随体转在右膝内侧扶地，右手在前。随着两手撑地，上体向右后拧转的惯性力量，以左脚前掌为轴，右脚贴地向后扫转一周。左臂直臂向前推掌，掌心向前；右臂经头向上、向后摆动，右掌变勾手，勾尖朝下。目视左掌。

要求与要点：转体、俯身、撑地用力要连贯紧凑，一气呵成，上下肢动作不能脱节。

二、跌仆滚翻练习

跌仆滚翻练习，对于培养前庭器官的稳定性，以及提高协调、灵巧、速度、力量等素质，都起着良好的作用。

（一）翻滚动作

1. 抢背

并步站立，右脚上步且微微弯曲做略蹲动作，紧接着上体向前方倾斜，左脚跟离开地面，并且两手随之朝前下方伸出；右脚蹬地朝前方跃起，左腿朝上方摆起，低头弓身，右侧肩膀、背部、腰部、臀部按照顺序做着地团身前滚动作，最后完成立起动作。

教学要点：滚翻动作呈圆形，且速度要快；立起动作要尽全力缩减所用时间。

2. 仰摔

两腿弯曲膝盖做半蹲动作，身体向前方倾斜；两臂在身体前方做握拳动作。左腿向前上方抬起，屈膝、含胸、弓身、收臂；使脖颈处在紧张状态，挺腹、顶胯、夹肘，身后倒以肩背部着地，并且使左腿挺膝绷脚，进而和上体形成一个笔直的棍子，右脚的脚前掌着地。

教学要点：身体做后倒动作时，应尽可能使身体重心降低到一定高度；着地的一瞬间应做到闭口、屏气、低头。

3. 侧空翻

以后带臂侧空翻为例，两脚呈左前右后错步站立，两臂前斜上举，两眼平视身体前方。左脚上一大步，弯曲膝盖向前弓，让小腿和地面之间大致垂直，两臂朝后方抡起并绕到身体前下方；两臂朝前上方摆起，并且右腿使劲朝后上方摆起，左脚蹬地跳起的同时完成上摆动作，在身体完成腾空翻转动作之后，双脚按顺序落在地面上。

教学要点：展髋、提腰，翻转迅速，双腿伸直。

4. 鲤鱼打挺

仰卧，身体伸直。两腿伸直向上收拢直到靠近头部，两手弯曲肘部并将其收到耳侧撑在地面上，臀部离开地面，使肩胛与颈部着地发挥支撑作用；两腿使劲朝上方和后方猛打，两手使劲推撑地面进而完成挺身腾起动作，两腿接着朝下做弧形摆动动作；两脚落在地面后挺身立腰，仰起头部做举臂动作。

教学要点：推撑动作与打腿动作应保持统一；要尽可能缩短完成打腿振摆动作的时间。

5. 旋子

两脚开立，两脚间距离和肩部宽度相同；水平举起右臂，向上方举起左臂。左脚做后退动作并使脚前掌着地，膝盖稍稍弯曲，使右腿膝盖弯曲，上体向前俯的同时向右侧微转；左臂落在胸前，右臂拧转身体向右摆动。身体俯平朝左侧甩腰摆动，两臂向左侧摆动，身体重心向左侧移动。右腿向上、向左摆旋，左脚蹬地跳起后向上、向左摆旋；身体腾空后挺胸抬头，两腿按照顺序摆旋过腰，两臂接着向左侧摆动，整个身体俯着向左平旋360°。右脚和左脚按照顺序落地。

教学要点：拧腰、摆臂；有效使身体向上腾起的力和向左旋转的力合为一体。

（二）跳跃动作

1. 腾空飞脚

并步站立，右脚上步蹬地跃起，左脚朝前上方摆踢，两臂朝头部的上方摆起，用右手背迎击左手掌。绷紧右脚脚面使其处于伸直状态，朝前上方踢摆，用右手迎击右脚面。与此同时，使左腿的膝盖弯曲控于右腿侧。左掌摆到左边转变成勾手，上体稍稍向前方倾倒，两眼看前方。

教学要点：摆腿必须过腰；拍击动作应具备较强的连贯性和准确性；声音要响亮。

2. 旋风脚

高虚步亮掌站立，左脚朝左侧上步，同时左侧手掌应向前方推；右脚马上上步，脚尖朝内侧扣，左臂随着上步弯曲肘部并且收在右侧胸前，右臂向前方摆动，上体向左转做前俯动作。右腿弯曲膝盖蹬地跳起，将左腿提起并朝左上方摆动。上体朝左上方翻转，两臂向下、向左上方抡摆。身体旋转应大于270°，右腿里合，左手对右脚掌做迎击动作，左腿向下垂挂。

教学要点：里合腿摆动形状应当是扇形；抡臂、踏跳、转体、里合腿四者之间应当做到相互统一、相互配合。

3. 腾空摆莲

高虚步挑掌站立，左脚朝前方再进一步，脚尖向外侧伸展，使膝盖微微弯曲并稍微下蹲，身体向右侧转动，右臂落在下方，左臂向前摆动；身体重心移至右腿上，右脚蹬地跳起，左腿里合踢摆，两手上摆到头部上方后击响。上体向右侧转动，身体腾空；右腿上踢外摆，两手按照顺序分别拍击右脚面，左腿伸直分摆控于身体两侧。

教学要点：上步应当形成弧形；右脚踏跳过程中要高度重视脚尖外展及膝盖弯曲两个动作。

三、基本平衡动作

（一）直立平衡

1. 前提膝平衡

以右腿为支撑腿为例，右腿直立站稳；左腿在身体前方弯曲膝盖，同时将膝盖提高至接近胸部的位置，小腿斜垂做里扣动作，脚面绷平做内收动作。

教学要点：挺胸、收腹、脚内扣。

2. 侧提膝平衡

以右腿为支撑腿为例，右腿直立站稳，上体保持正直或者侧倾状态；左腿在身体左侧，弯曲并提起左腿膝盖，提起高度超过腰，小腿斜垂内收，绷紧脚面使其平直或者勾紧脚尖。

教学要点：挺胸、收腹、展髋。

3. 侧控腿平衡

以右腿为支撑腿为例，右腿直立站稳；伸直左腿并高举在身体的侧面，髋关节朝外侧展开，脚的高度超过肩部，脚面保持绷平状态或者将脚尖勾起。

教学要点：挺胸、收腹、立腰。

4. 朝天蹬

以右腿为支撑腿为例，右腿直立站稳；利用手部力量使左腿经过体侧朝上方托举，勾起脚尖，脚底向上，高度方面要求和头部平行。

教学要点：挺胸、收腹、直背、立腰、展髋。

（二）屈蹲平衡

1. 扣腿平衡

以右腿为支撑腿为例，使右腿膝盖弯曲做半蹲动作，左腿膝盖弯曲的同时向外侧伸展，绷平脚面或者勾起脚尖，将左腿踝关节紧扣在右腿膝盖后面的腘窝位置。

教学要点：挺胸、沉肩、塌腰、落髋；支撑腿尽可能向下蹲。

2. 盘腿平衡

以右腿为支撑腿为例，右腿弯曲膝盖做半蹲动作；左腿弯曲膝盖朝外侧展开，小腿收紧并提起，绷平脚面或勾起脚尖，左腿踝关节盘放于支撑腿大腿上。

教学要点：挺胸、沉肩、塌腰、落髋；支撑腿尽可能往下蹲。

3. 前举腿低势平衡

以右腿为支撑腿为例，右腿弯曲膝盖并完成全蹲动作；左腿挺膝伸直平举在身体前方。

教学要点：挺胸、展肩；脚面绷直。

4. 后插腿低势平衡

以右腿为支撑腿为例，右腿弯曲做全蹲动作；左腿挺膝伸直，经过右腿后方朝侧前方平举，勾起脚尖。

教学要点：挺胸、收腹，上体稍稍向侧面倾斜。

（三）俯身平衡

1. 探海平衡

以右腿为支撑腿为例，右腿直立站稳，上体前俯且前俯程度比水平高度低一点；伸直后举脚且比水平高度高，另外一侧的手臂朝前下方探出；同侧手臂朝后上方举起。

教学要点：挺胸、抬头；脚面绷平；最大限度地提高后举腿的高度。

2. 燕式平衡

以右腿为支撑腿为例，右腿直立站稳，上体前俯且前俯程度比水平高度高一点；伸直后举腿且高度比水平高度高，两臂朝侧面展开。

教学要点：挺胸、展腹；脚面绷平。

（四）仰身平衡

以右腿为支撑腿为例，右腿伸直站稳或者微微弯曲站稳，上体向后方仰且尽可能接近水平；伸直左腿朝身体正前方举起，两臂向侧面平行展开。

教学要点：抬头、挺胸、沉肩；脚面绷平。

第二章 武术散打技法的分析与运用

第一节 散打技击对抗的组成与结构

在很长时间的发展过程中，技击活动逐步形成自身的运行特征。然而，受历史的影响，广大群众并未高度重视技击结构，也没有对其进行深入思考，当前依旧未建立相对科学、完整的技击结构技术体系。

一、对抗状态的划分

在比赛场上，对抗主要反映为自由状态、调节状态和交手状态。

（一）自由状态

在对抗双方身处安全距离（也称无效距离）内，任何一方的单个动作都不可能对对手造成直接威胁，规则规定在这个时间段内，直到裁判员喊"开始"，不允许任何一方有进攻动作。在这个状态下，对抗双方的动作均是"自由"的，没有任何技术方面的规范。

（二）调节状态

在比赛中裁判员喊"开始"后，双方开始进入对抗状态。当双方完成自由状态的调整动作之后，为实施自身设想的技法，要循序渐进地调整自身状态。调整状态时除了要调整心理方面的状态，还要调整动作方面的状态，就是把运用技法所需的距离、角度、动作姿态及动作感觉调整为最佳状态，由此捕捉对方显现出来并能够加以利用的弱点。当时机出现时马上完成第一环节的切入，表现在同步做出进攻或防守动作，第一环节开始的瞬间意味着调节状态的结束。

（三）交手状态

双方进行实质性对抗的时间段，就是交手状态。在交手状态，双方可以实施自己设想的技术和战术。这个阶段可以体现双方技战术的合理性、技术动作的顺畅度和各项素质的差距，是整体实力的全方位较量。

对抗时三种状态一般都按照自由状态、调节状态与交手状态的先后顺序进行。但有时双方对抗的激烈程度加大、节奏加快，对抗中的自由状态会明显减少甚至被忽略。

二、三种对抗状态的特点

在对上述三个环节及其相互间的关系进行深入剖析后，我们对散打技击法的内在规律有了深入认识，能够掌握不同环节的特性，由此让自身更加自觉地遵守与运用各项规律，并且不被这些规律束缚。三种对抗状态的特点如下。

（一）没有威胁的自由状态

对抗双方都身处安全距离，在这个距离里，对抗双方中的任何一方使用单个动作都不可能直接做出对对手有威胁的进攻。由于对抗双方都处在相对的安全之中，所以在这个距离里，对抗双方都能够积极主动地、不受威胁地调节自己的身体状态，比如按自己的方式调节动作、体能或心态。当然对抗双方在此时最需要做的还是总结上一回合交手时的机体感受、技法使用，以及得与失，同时又会根据以往的经验与理论的推理对下一回合交手进行相应的感觉或思考，更需要仔细察觉对手的动作与心态表现，并做到明察秋毫。通过感性认识与理性思考，自己可逐步明确即将交手的突破口，并针对已确定的突破口进行这个回合交手前有针对性的战术设计。

（二）对峙的调节状态

完成自由状态的调整后，要想实施自身设想的战术，需要逐步调整实施战术方面的技法要求。该项调整不仅反映在时空方面有形的技法要求，也反映在承受心理方面无形的博弈压力。这个时间段必须彻底战胜自身的胆怯心理，尽全力把注意力都投入对抗过程中。技击者需要将自身带入不存在得失和胜负的境界中，原因在于运用技击必须将自身机体当成技法的具体表现物，如此方可充分调动自己使用技法需要的所有。在"忘我"境界的基础上，就能够很好地去捕捉对手表现出来且能够为我所用的时机，这种时机可以是直接的，也可以是潜在的，应准确判断对手可能采取什么技术、战术，对手具备的威慑能力主要表现在哪些方面，同时对手的弱点又"隐藏"在何处。当这些情况自己都了如指掌时，下面需要的就是根据对动作的调整、对势态的感觉和切入的欲望去把握时机，让对峙时的无形优势化作自己切入时的强势表现。

在有效"诱导"各项因素的情况下，尽可能改善自身的技击水平，从而更加深入地挖掘自身在技击方面的潜能，以此为基础就可以比较顺畅地理清自身的技击思维网络，如此方可明了自身应当运用的战术，完成特定战术需要运用哪些技术动作来支撑，需要怎样有效把握这个时间段内的实施时机与挖掘动作的动力。时机在出现的瞬间只要被对峙的任何一方抓住，对峙的调节状态就自然结束。为把握这瞬间的时机，对峙双方采用切入的形式，当切入动作开始启动时交手也就开始了。

（三）攻防得失的交手状态

交手状态是指比赛双方展开实质性对抗的时间，这个时间段是整体实力的多方位较量。从整体来说，交手状态是一个相当庞杂的体系，从对抗中依据时间顺序的势态来分析其特征，其势态特征大体反映在以下几个方面。

第一，由无效距离至有效距离双方机体开始接触。

第二，机体接触后必然会展开全面博弈，这属于对抗的综合实力的详细反映，该阶段的势态变化存在自身的变化规律。

第三，经过博弈之后，双方一定会有不同的感受，同时会根据势态作出更贴合实际的反应，这时双方会对势态产生不同的态度，在势态变化方面会发挥出不同程度的应变能力。

三、三个环节的理论分析

通过对抗中交手状态特点的进一步归类分析，找出其中各环节中动作运行的规律，我们又把交手势态的特点按照时间顺序划分出相应的三个环节。因此，我们就可以把双方交手时的技击结构看成是由三个环节共同组成的。

（一）三环结构分析

技击结构的三个环节，简称三环论。三个环节就是上面阐述的每次完整的对抗过程，即将势态特征根据时间分类之后，人为地把全过程划分成三个环节或三个小部分。通过分析对抗的结构来更加清晰地观察与分析对抗中的技术运行规律。

对技击规律有了根本性的了解，就能够更加直观、系统地深入技击对抗的结构内部去分析、去把握对抗势态变化的原因，了解这些原因对我们今后的学习、训练与技法运用都会起到巨大的促进作用。三环论的学习，将会对技击认识的提高有着巨大的现实意义。

包括散打在内的所有武术运动都有其特定的存在形式。不管是哪种对抗，对抗双方都以通过制服对手和保护自己来实现技击目标。对抗双方都会努力抓住掌握当下势态的主动权，结合势态需要来运用自身可以使用的动作（技法）来拼打，由此控制好对抗势态的主动权，在相互争夺的博弈过程中构成双方的多次交手。在多次接触中，双方的目标都是运用不同的技术和战术实现需要的技击效果，在对抗过程中双方会自觉或不自觉地重复对抗中的有关环节。

就三环论来说，就是将技击对抗的时间当成主轴，人为地将每次完整的对抗接触划分成三个环节，各个环节共同组成了每次对抗的整个过程，环环相扣，由此成为有机的对抗总体。

三环论可以帮助我们清晰地掌握技击技法，由此可以在技击活动中更加主动地遵守散打技击的内在规律，技击规律对我们的技击实践活动具有指导性作用。

（二）基本概念

为深度剖析技击对抗中技法的运用特点，需要掌握下列和技击相关的基本概念。

距离：攻防双方所在位置之间的间距。

距离分为有效距离与无效距离。

有效距离：是指对抗过程中能够运用单个动作直接产生技击效果的距离。有效距离又可分为远距离、中距离、近距离。

无效距离：对峙时不能直接应用动作进攻到对手的距离。

远距离：对峙过程中，双方通过快速移动出击动作，并能够击中目标的间隔距离。

中距离：指在对抗中，双方不用移动脚步就具备击中对手的间隔距离。

近距离：指在对抗中，双方能够使用贴身靠、摔、打与擒拿技术的距离。

距离感：指在对抗中，技击者对所用动作所需最佳距离的感觉与判断。

角度：进攻方向与进攻目标形成的一条直线和击点与进攻目标形成的另一条直线形成的夹角。

角度感：指在对抗中，对使用动作产生最佳击打角度的感知。

角度差：指攻防动作偏离目标的差数或同样的彼此角度所产生的不同感受。

时间差：指攻防双方完成相关攻防动作所用的时间差数。

距离差：指对峙时，双方在相同距离的前提下彼此产生不同的距离感觉。

（三）调节

对峙双方调整自身需要的距离和角度的位置，就是调节。

在对抗中，不管是哪种动作想要获得充分发挥，均要尽可能满足动作需要的时空条件。由于动作的技击价值是相对于特定时空来说的，所以在对抗过程中，要想运用某项技战术不得不在时空方面加以调节，倘若调节至动作需要的时空，则动作的功能也会随之发挥出来。以上就是双方交手前存在一个调节过程的具体原因，该过程中还是对抗中对峙双方在调节状态中最关键的任务。

在特定技击环节中运用技法时，要想让全部动作都能在运行过程取得理想效果，一定要达到所用动作提出的时空要求。在相互控制及反控制的博弈中，双方都会有这种心态，即尽可能保证自身处在"顺"的势态中进行对抗，却希望对手处在"背"的势态中与自己交手。为了达成这个目的，就需要在对抗中不断地为动作具备更好的使用氛围进行调节，以达到势态对己有利的效果，有利于动作在环节中发挥出更大的作用，这些都依赖技击者的调节能力。

对抗的环节是在"调节—交手—再调节—再交手……"中循环往复地进行着，达到技击目的或比赛结束才终止。

调节是环节内对抗的重要组成，具体有以下三种形式。

第一，己方调节：自己主动调整距离与角度以获得自己所需要的位置。

第二，彼方调节：对手主动调整他自己所需要的距离与角度时，同时也出现了己方需要的位置。

第三，双方调节：双方共同调整距离与角度，以争取只达到自己所需位置的调节。

四、三个环节的攻防特点

攻防中的每个环节都各有特点，下面就各个环节的运行方式与技法要求进行分析。

（一）第一环节

第一环节的重要目的是切入，如此才能让对抗双方由无效距离逐步过渡到有效距离构成对抗，同时为之后的环节创造出所需的氛围，调整距离和调整角度两种方式都可以使用，在技击思维网络的控制下采取适宜的技法，努力实现破除对方防守、平衡或直接得点的目标，努力占据主动并尽可能保护自身，为之后的环节打下坚实基础。

第一环节要求技击者做到步子移动（调整）到位、反应速度快、动作启动快、目标明确、判断准确、动作迅速协调、技击思维清晰。第一环节的切入形式有主动切入、自然切入以及被动切入。

（二）第二环节

第二环节的重要目的是对攻，同时在对攻过程中分析双方控制势态能力的具体情况，是经过第一环节的接触进入第二环节的全方位较量过程。因此，技击双方都需要有全方位的攻防技巧，动作表现应当具备一定的杀伤力、抗击打能力及体力。就第二环节来说，不仅是整个过程的攻坚阶段，还是整体实力的全方位较量。第二环节的对攻形式有主攻、主防、攻防兼备。

（三）第三环节

第三环节的重要目的是结束对抗，从而再次调整，由此进入下次对抗。第三环节的要求是技击者要具备较强的时空感、步法移动能力、平衡能力。第三环节的结束形式包括自然终止、接触终止、闪躲终止。

（四）赛场情况

赛场的状况往往瞬息万变，双方选用的技法与战术不可能完全一致，对抗中的三个环节同样不可能每次都完整出现。当一方擅长摔，只要摔成功，就是第三环节动作，即结束对抗，因为规则规定在此状态下裁判员必须喊"停"。

对抗时的三种状态一般都按照自由状态、调节状态与交手状态的顺序进行着。但有时双方对抗的激烈程度加大、节奏加快，对抗中的自由状态会明显减少甚至会被忽略，随着激烈程度的进一步加大，调整状态也会受到影响。例如，比赛中一方为了追分，或因战术需要，加大技击效果，就会迫使双方在高密度、高强度中进行对抗，此时的对抗就会导致调节状态的时间明显减少。

对于交手状态来说，三个环节之间的状态发展往往把时间当成主轴，对抗的全过程由三个环节协同完成，但对抗的三个环节反映出来的状况是不同的，比赛中经常出现前面环节替代后面环节的情况，同样组成一次完整的对抗形式。

第二节　散打技法原理与要求

一、散打的技法原理

武术散打的技法简称"技法"，具体是指动作的技术方法。武术散打的技法原理不但是技术形成、技术分析、技术研究、技术运用的理论依据，而且是判断技术合理性与有效性的重要标准。受历史因素的影响，我国很长时间内都未能开展对抗形式的运动项目，武术往往是借助套路的形式反映出来。尽管武术的发展历程源远流长并累积了很多人体格斗的技法，但武术套路"说招"和"练招"已经对武术产生了根深蒂固的影响。与此同时，武术技法已经朝着技击含义、技击艺术及技击功力的方向异化，而人们面对这些已经异化的武术技法的态度是觉得其技击作用已经达到"登峰造极"的程度。

武术散打首先要解决的问题是在庞大的武术套路技击方法中，判断哪些动作是具有技击含义的方法，哪些动作是能够直接用于人体徒手格斗的方法，这些必须通过人体对抗实践的检验来鉴别；其次要解决的问题是必须通过正确的理论认识，来更正人们对传统武术技击方法存在的一些误解，只有符合技法原理，经过实践检验的动作，才能够被纳入武术散打的技术体系中。武术散打的技法原理涉及四个方面的内容。

（一）技术符合运动生物力学原理

多年以来，武术散打运动开展的主要精力放在比赛形式、竞赛规则、裁判方法的研究上，武术散打技术还处在随意发展阶段。即使相同技法动作的技术规格，拳种不同其具体要求也会随之改变，部分经常运用的动作，从外部表现来分析存在的不同微乎其微，但对技术结构、技术环节、技术细节的理解存在着很多不同。任何一个技法动作最合理的基本技术只有一种，在众说纷纭之中，对动作合理性、有效性的正确判断，首先要看是否符合运动生物力学原理。

运动生物力学原理在武术散打技术中主要表现在力量、力点、合力、顺力、作用力、反作用力、支点、力矩等方面。但对于武术散打来说，要想顺利击中并摔倒对方，必须从多方位考虑并分析不同的力学要素。

运用人体运动生物力学的原理，就踹腿动作展开简明的技术分析。踹腿合理技术规范的要点是：尚未出腿时，大腿与小腿应当努力回收折叠，向大腿推动小腿发力提供便利，力点应当在脚弓上，这样有助于朝击打目标直线运行，同时支撑腿与躯干应当处在一条直线上。这种姿势其力量、力点、合力、顺力、力矩、作用力和承受反作用力的能力，以及攻击不同距离目标的动作自我调节能力均处于最佳状态。

（二）技术符合时间、空间原理

不管是武术散打中的拳打腿踢，还是武术散打中的击摔交加，判断胜负的重要标准是明显击中与摔倒对方的具体得分。如果想要在彼此攻防的激烈搏斗中快速击中对方和摔倒对方，技术一定要和时间、空间原理相符合。时间、空间原理是指动作的速度、速率、路线、轨迹、幅度、角度、方向、位置等。武术套路中有很多动作技击方法的传统解说不符合真打实摔所需要的时间、空间原理。但是，这样并不意味着要全面否定武术套路拥有的技击精华，取其精华并非完全照搬武术套路动作的形式、内容及方式。武术散打是武术攻防格斗动作在实战中的具体运用，因此应当选择武术套路中存在实战功能并与运动要素原理相适宜的适用部分。

（三）技术符合相生相克原理

武术散打中的任何技法都不是万能的。双方运动员都可以主动进攻，也可以防守反击。武术散打技法既然是相生相克的，反映到动作的技术上，同一动作姿势状态的技术要求，既要有利于进攻，又要有利于防守和反击。例如，预备法是发出全部动作的起点，姿势状态合理程度不仅要顾及发出进攻动作，也要顾及发出防守动作或反击动作，预备法的技术一定要处在最适宜的机动状态。

例如，冲拳时上体前倾，单纯地从进攻角度来看，可以加大力矩和力量，符合人体运动生物力学原理和运动要素原理，但进攻动作发出以后，如果没有击中对方，对方肯定会防守或反击，这样进攻动作从被反击的角度来看，冲拳时上体超过了身体重心的垂直线，对方闪躲后使用摔法"顺手牵羊"就比较省力。由此可知，不能单方面考虑采用哪种方式来进攻对方，还要考虑对方的反击。冲拳姿势状态一定要满足稳固身体重心的基础条件，实现方式包括依靠身体总体合力以及上体的顺肩。

在对动作与技术训练展开分析的过程中，教练员与运动员常常会更加重视如何完成动作才会对攻击对方产生积极作用，而忽视对方能够防守与反击所有动作。因此，教练员与运动员在分析动作与展开技术训练的过程中，必须始终遵循攻防兼顾的原则。

（四）技术符合竞赛规则原理

武术散打的竞赛规则不仅是指导技术发展的准绳，还是规范竞赛行为的准绳，也是判断运动员输赢的准绳。对于武术散打的技法而言，不仅要符合以上三项原理，还要充分符合竞赛规则的原理，其决定性原因是武术散打的体育竞赛性质。技术符合竞赛规则原理通常反映在以下几个方面。

从禁击部位来讲，后脑、颈部、裆部是禁止攻击的部位。武术中的有些技法可以根据竞赛规则的要求加以改变。例如，武术弹腿主要是用来攻击对方裆部的技法，由于裆部是禁击部位，武术散打中的弹腿变成了"鞭腿"。武术散打竞赛规则不但改变了弹腿的基本技术，而且弥补了武术中很少用侧面腿法攻击对方的缺陷。

立足于使用手段来分析，武术散打竞赛规则中明确指出，严禁使用头部、肘部、膝部及反关节的动作。不管以上手段的使用价值是否理想，均需要严格遵循竞赛规则的相关规定，但以上技法在比赛中坚决不可以使用。武术散打技法的合理程度与有效程度提出的一项基础性要求是必须遵循武术散打竞赛规则。

立足于攻击部位的角度来分析，很长时间以来武术技法都高度重视击打要害，攻击背部、臀部、下肢的方法却比较有限。但是武术散打竞赛规则规定，除上肢部位及禁击部位之外，任何非要害部位都属于可攻击部位。所以，在运用武术散打技术的过程中，应当以竞赛规则的要求作为依据，创造出一些崭新的用法，进而有效扩大武术散打技法的内容。

综上所述，运动生物力学原理，时间、空间原理，相生相克原理和竞赛规则原理，是共同支撑武术散打技术合理性和有效性的理论基础。武术散打任何动作技术规范的形成，对运动员掌握动作情况的技术分析，对各种招法使用的技术研究，都必须遵循武术散打技法的原理。运动员的动作符合原理综合性要求的姿势状态，就是武术散打动作基本技术合理性、有效性的具体体现。

二、散打的技术要求

（一）动作速度快

动作由起点开始启动，空中运行至击中目标，应尽可能用最短的时间完成技术要求，即动作速度快。要想保障动作速度快，运动员必须在动作速度、反应速度、位移速度三方面达到相应的要求。

拳如流星，腿似射箭。"快打慢"是武术散打技法运用的一个基本规律。动作只有快速地出击，快速地运行，快速地抵达进攻的部位，才能达到"先发先至"或"后发先至"的效果。反应速度快是指从观察、注意、思维、记忆到发出动作的时间短，必须依靠动作条件反射能力来实现。位移速度快是指运动员的身体姿势状态，尽快移动到发出技法所需要的方向、距离、角度，为主动进攻或防守反击提供条件。

（二）动作力量大

就技法产生作用力强度的技术要求来说，动作力量大是其中一项。

动作力量大是对技法产生作用力强度的技术要求。不管是"灵打巧取"，还是"以巧制力"，都是我国武术散打运动的重要精髓。如果不能立足于多个方面来追求功力，则难以掌握与武术散打相关的各种技法。在对武术散打的技法加以运用的过程中，动作作用力同样要达到击中的标准。巧与力各有各的作用，它们是统一的。武术散打动作需要力量，在技术上要求其根在脚，转换于髋腰，达于拳脚，充分发挥自身的整体合力。在力的表现形式上，要求爆发力和合力，不要偏力和僵力。

（三）动作力点长

拳法动作与腿法动作具备伸展性的技术要求，即动作力点长。动作力点长反映了人体运动的生物力学特点，某个进攻型动作在重心与支点处于稳固状态的基础条件下，以各种动作的需求作为依据，参与活动的肩关节、髋关节及其他各个关节尽量伸展，向前协调运动。这样既可以扩大自己火力点的射程范围，增加对方发出反击动作的难度，还可以加大肌肉的工作距离从而增加动作力量，达到"一寸长，一寸强"的效果。在技术训练过程中，不管是做空击练习，还是做击打沙包、手靶、脚靶练习，动作都要求放长击远，形成良好的动力定型。

（四）动作用力准

运动员完成动作的过程中，参与工作的肌肉收缩一定要达到协调准确的技术要求，即动作用力准。不管是武术散打中的哪类动作，均是把骨骼当成杠杆，将肌肉当成动力来完成的，力量源自肌肉质量及工作形式。当动作不同时，肌肉群参与做功同样不同。肌肉群以肌肉做功的性质可划分成主动肌、协同肌和被动肌。只有让不同的肌肉承担相应职责，才能够使动作协调而准确。为了恢复和积蓄肌肉的能量，运动员在没有发出招法时，一定要保持肌肉的适度放松，便于血液流通和循环。无论在任何情况下，都不要过度紧张，因为这样容易引起肌肉僵硬，使肌肉的收缩力下降。

（五）动作重心稳

在完成动作的过程中，运动员身体姿势状态维持稳定性的技术要求，就是动作重心稳。在对抗比赛中，要想维持身体稳定，一定要将以下几方面的影响因素考虑在内。

第一，作用力和反作用力，动作发出的作用力越大，反作用力越大，身体的重心如果不稳定，就不利于控制反作用力。

第二，动作击中对方后会遇到阻力，从而破坏自己的身体平衡。因此，必须迅速调节姿势状态和稳固重心，为发起下一个进攻或防守动作做准备。

第三，武术散打技术有动作"力点长""力量重"的技术要求，但必须在保持身体重心稳固的前提下进行，尽量避免身体重心偏移垂直轴的现象，以免给对方造成"顺手牵羊"的机会。

（六）动作无预兆

在尚未发出技法动作前，不存在附加动作等预兆及迹象，当达到隐蔽性和突发性的技术要求时，就是动作无预兆。有预兆的关键性问题是违反了"动无形"的原则，过早暴露了自身动作的攻击目的，由此会致使对方进行反击。比较常见的错误是运动员发出技法动作前有附加动作。具体表现为：拳未动，腿未动，身体先动；出拳时拳先回收；出腿时脚尖先动；发招以前龇牙咧嘴、怒目睁眉；等等。运动员的任何预动都可以为对方提供信息，一定要尽量克服有预兆的错误习惯。

（七）动作转换活

动作转换活是指运动员完成动作时，动作与动作之间能够快速灵活变化的技术要求。实现动作的灵活转换，一定要使自己的身体姿势保持高度的机动状态。下颌微收，头正颈直，不偏不倚，这样可以保持头脑清醒，还能使人的思维更加敏捷。身体重心处于两腿中间，便于转换动作。脚跟微微提起，以保持弹性，四肢肌肉适度放松，不要僵滞，便于快速启动。运动员动作操作的思路应当涉及面广，严禁将注意力仅仅局限在单方面的攻击目标与几个动作上，应尽可能在运用动作的空间上与运用技法的容量上有所变化，充分彰显运动员运用技法的多样性与灵活性。

（八）动作技法巧

在运用技法的过程中，不仅要尽可能得分，还要达到方法巧妙的技术要求，即动作技法巧。对于武术散打中的单个技法动作来说，与技术原理相吻合的所有技法动作本身并不存在巧妙和不巧妙的区分，但因为武术散打运动存在运用技法的完整性与灵活多变的随机性的技术特征，同时技法间存在相生相克的原理与功能，所以为技法相生相克的巧妙运用提供了多元化的技术内容及广泛空间。技法的巧妙反映在运用过程中，技法之间应当扬长避短，互相使用的技法没有相生相克的对应关系，出现以力打力、以力破力的现象谓之拙。

第三节　散打技法的模式及风格

技法是散打的主体。技法，顾名思义就是散打技术动作的运行方法，它既是散打对抗经验总结的物化形式，又是操作技巧的运用过程。不同的技法在实战对抗中所产生的作用，一定不会是相同的，之所以不相同，与技法的模式和风格有着直接的关系。

当全面掌握散打技法并形成适合自己的技法使用模式后，方可逐步形成和自身情况相吻合的技法风格，这样才能充分反映技击的精髓，才能有效发挥技法的各项价值。不管是散打的哪种技法，宗旨都是取得胜利或预防失败，围绕该目标的技术动作根据特定关系共同构建了技法模式，同时还产生区别于他人的风格。

一、建立围绕核心动作而展开的攻防技术体系

（一）核心动作

核心动作是用于控制各种势态的动作。属于支撑战术的根基性的技术动

作。在对抗中，为了能够很好地把握对抗势态的发展，必须选择那些可导致该势态发生变化的相关技术动作，以这些技术动作为基础性的根基动作，就是核心动作。

技击者不同，对各种势态的认识也存在差异，每个人都有自身的核心动作，同时每个人驾驭势态的水平也存在差异性，因而人们驾驭各环节不同势态的水平是不尽相同的，驾驭各种势态的技术动作要求同样存在差异，由此就出现了对抗的多样性。

（二）辅助动作

通常情况下，配合核心动作完成战术实现技击目标的动作即是辅助动作。对抗中势态的变化处在动态的无规律中，有效掌握的难度比较大，倘若只依靠核心动作单枪匹马地完成，要想奏效的难度同样很大，因而必须配合相应的辅助动作，为核心动作提供施展技击的氛围，保证核心动作能够产生最理想的动作效果。

（三）核心动作与辅助动作的关系

对于对抗过程而言，核心动作和辅助动作是一体的，只是两者在技法中体现的价值不同，但最终目标是统一的。例如，后手冲拳接前脚鞭腿的二动组合，后手冲拳就可以作为辅助动作，为前鞭腿服务，去营造一个好的氛围，使作为核心动作的前鞭腿产生最佳的动作效果。

核心动作与辅助动作之间是能够互换的。结合战术实施需求，战术对动作功能的需求存在多元化特征，由于动作能够变换身份来为战术服务，所以不存在固定不变的核心动作及辅助动作。例如，前鞭腿接后手冲拳的二动组合，前鞭腿就可以作为辅助动作，为核心动作的后手冲拳服务，围绕着核心动作去营造一个好的氛围，使作为核心动作的后手冲拳产生最佳的动作效果。

在实施过程中，核心动作和辅助动作的君臣关系是固定不变的。换句话说，不管何时辅助动作都会紧紧围绕核心动作展开，辅助动作的主要作用就是保证核心动作具备良好的环节和氛围来展现自身。在实际操作中，为促进核心动作与辅助动作的有效衔接配合，一定要强化自身在核心动作和辅助动作方面的动作意识，如此才能让展示出的动作发挥出更好的技击功能。

（四）确定几个能够引导势态发展的核心动作，形成自己的技法框架

在不同环节中，结合自身实际情况和特征确定支撑局面的核心动作。例如：在第一环节的切入动作中，针对特定进攻动作的防守反击；在第二环节针对特定动作的反应动作，体现了对于特定势态的应对水平；在第三环节特定状态下的脱离动作，对特定状态的能力产生引导作用。这三个环节的动作严格遵循环节特征要求，对于所有动作来说，不仅要保障理论的规范性，也要针对动作提出数字方面的量化要求。

把核心动作有机地衔接起来，使这些核心动作的功能能够相通，且动作之间的功能前后连贯协调一致，力争对抗的势态发展都是由自己的核心动作为骨架引导进行的，各核心动作间的运行衔接自然稳固而又灵活，能够做到在各种势态下运用自如。

（五）用核心动作为主要技术去实施战术

组成核心技术的动作是技击阈值较低的动作。如果把基础战术比喻成是框架结构房屋的具体的房梁，房屋的框架就是技击思维网络，那么房梁里的钢筋就是核心技术动作，对抗中的核心动作就是那些自己最习惯、效果最好、成功率最高、威慑力最强的基本动作，它就如同一支箭上的箭头，能够带领箭杆与箭尾射向目标。

核心技术动作是有辐射的动作。独木难成林，单个动作的能力再强都是有限的，单靠某个动作独自作战很难成气候。要有一个好的技击效果，必须有围

绕着核心动作的一系列辅助动作存在，辅助动作能够很好地为核心动作创造条件，让核心动作发挥出最佳的技击效果。因此，核心动作必须具有相应的辐射作用，这样才能使动作的主辅融为一体。就如同一支箭，箭杆能够把力量传递到箭头上，箭尾则能够很好地维持箭在空中运行的平衡，它们共同配合射向目标，技击动作的主辅也是这样相得益彰地配合，为的是能够获得最佳的技击效果。

实战中的战术表现一定要落实在动作上。倘若动作的技击阈值过高，实战过程中就难以使用出来，实施战术的难度将会增加，所以战术实施一定要运用和战术相符的核心动作才能更轻松地表现出来，由此充分发挥战术的作用。

不同的战术具有不同的战术特点，所以需要实施战术的核心技术动作自然也就不同。客观上要求核心技击动作不能够太单调，一方面容易被对手察觉可能使用的动作，这样对战术实施是不利的；另一方面组成战术的核心动作功能再强也是有限的，不可能放之四海而皆准，这样就容易影响战术自身的质量，质量不高的战术实施效果自然不会理想。

二、优秀选手的技法模式

这里指的是标准的最佳模式，往往针对先天条件良好的选手形成的技击对抗模式，或者右脚高水平的技法模式。

优秀选手技法模式属于相对理想的技击模式，其仅仅是一个标准，并非对所有选手都适用，练习技击对抗的人需要多方位借鉴，并非完全照搬，原因在于所有练习技击对抗的人本身就是和其他人不同的单独个体。个体反映出的优点和缺点不可能和其他个体完全相同，因而所有个体都存在特殊性。

（一）选手技法模式的风格与特点

选手技法模式的风格与特点应当反映于顺、广、精、耐、强、硬六个方面。

1. 顺

技击思维网络组成合理且功能完善，支撑网络的核心动作及配套动作都显得主次分明，网络内的技术动作体现的战术也显得有章有节、条理清晰，网络内的所有动作与功能都能够在网络的统一掌控下做到纲举目张。

2. 广

技术全方位反映于基础的核心动作，所有环节不再是孤军奋战，而是彰显出全方位发展的特征，核心动作的配套动作在对抗中运用表现得十分广泛，动作间的配合能够达到扬长避短的效果，呈现出多点开花的局面。

3. 精

特长突出表现在技术动作的风格较稳固，特长动作的功力较深厚且思维清晰，在运行上能体现出变幻莫测的特点，面对对手有意识的防守与阻碍都能自然化解，并能够设法展现出应有的技击功能。

4. 耐

在对抗过程中，体能突出反映于可以相对合理地安排自身体能，在对抗过程中可以做到有的放矢，可以在对抗过程中发挥出最高体能水平，特别是在表现功力的时间段内表现突出。

5. 强

心理过硬的反映是在任何环境中都会对自己满怀信心，对自身的行为有清晰的定位，这样再强悍的对手都无法对战术的实施产生阻碍作用，同时在对抗过程中可以不受外界影响，将所有势态都把握好。

6. 硬

作风顽强表现在敢于打艰苦之战，尤其是在最佳进攻时机要毫不犹豫地表现出来，动作的表现显得老辣而又干脆，毫无拖泥带水的迹象。优秀选手的技法模式显然已经把模式的功能最大化了，能够展现出高水平模式最大化的功能当然是一件令人喜悦的事情。然而，人与人之间一定有很多不同，一个人能达到并非所有人都能达到。最重要的是，清楚自身具备哪些能力，具备哪些条件，通过哪些努力可以实现到哪种程度。一名选手要想摆正自身位置，必须对自身有透彻的了解。在技术方面，不可以被各种形式限制，应当构建自身的技击思维网络，形成自身的技术框架。众多实践表明，一切都要从实际出发，什么时候都不可以和实际情况脱离。高水平的技法模式可以用来参照，但实践运作不可以在脱离自身条件的情况下构建技法模式，否则将难以发挥作用。

（二）高水平技法模式在具体训练与竞赛中的六字要求

具体来说就是突出快、全、连、变、准、控。

1. 快

尽快适应环境，尽快进入状态，进攻节奏快，反击动作快，步伐移动快，攻防转换快。

2. 全

不仅要运用远距离、中距离和近距离等多种打法，还要掌握进攻、防守、拼打、反击及摆脱的技巧。

3. 连

一要有六场连续比赛的能力，二要有赛场上连续进攻和拼打的能力，三要有连续反复进攻的能力，四要有组合动作连续转换的能力。

4. 变

结合场上变化随机应变，结合对手的具体打法随机应变，结合对手的实际距离随机应变，结合不同类型的选手随机应变。

5. 准

预判准确，击打目标准确（单拳），反复进攻动作准确（动作组合），在移动或不稳定状态下击打准确。

6. 控

在比赛过程中，运动员要具备合理调控距离、时间差、技术、战术、体能、节奏、心理的能力。

（三）促使优秀技法模式成形的外围因素

1. 教练

在训练过程中，教练员对训练量、强度、间歇的控制，对比赛的指挥，对赛后的调整等。

2. 医务

防伤防病、治伤治病。

3. 科研

对各项指标的控制、训练和竞技状态的保障和测试方法、手段。

4. 领导

把握与宏观调控项目的整个发展进程。

第四节 散打对抗中的控制与反控制

一、控制与反控制的概述

从形式上展开分析，技击类项目的对抗都是在比拼对抗双方技法的基础上来争夺控制权与反控制权的，在控制与反控制的过程中实现技击者想要达到的技击目标。控制与反控制往往反映于时间、空间、技能、体能、智能、心理与机体的承受力等方面，在对抗过程中双方通过控制与反控制的强与弱来反映技击时的势态。

分析技击类项目竞技能力的构成要素可知，主要包括体能、技术、战术、心理、智力五个要素，不同要素之间相互作用，同时都在技击思维网络管理的整个系统中，竞技能力就是五个要素在对抗中的整体反映。其中，如何达到"技击目的"是五个要素围绕的核心，任何素质都围绕核心体现自己的价值，为了能够发挥素质的最大功能，相互配套的诸要素有机结合，共同完成对抗。技击者之间的技击水平不同，说明他们这五方面要素的基础有差异，把这些基础要素转化成对抗时技击效果的能力各有不同，于是就有了各素质的贡献值不同，直接导致他们的技击水平在实战中表现出较大差异。结合实战过程中具体对抗势态的差异性，五种素质在对抗中的主辅地位的实际关系是不断变化的，当占据主导位置的要素出现变化后，一定会使对抗势态出现实质性的变化。

如果对抗中营造与把握势态的战术针对性强、灵活性高，那就能够很好地显示出控制赛场的主动权和比赛节奏等功能，还能够最大限度地控制或反控制对方特长技能的发挥，从而更好地发挥自己技法上的特点和优势。也可根据控制与反控制的手段去影响对抗势态变化，当势态发生变化时可做出相应的战术调整，体现出技击思维网络指导下战术的价值。

二、控制与反控制的技术要求

要想在实战中具备较强的威慑力，必须有机结合技能、战术、智能、体能、心理等方面的因素。怎样发挥出更大的威慑力，怎样将威慑力有效转变成技击成果，这必将成为散打理论的未来发展走向，同时将会为散打项目提供更大的发展空间。

在对抗过程中，要想达到控制与反控制在技术方面的要求，必须依靠运动所有的具体动作方可完成。在技击思维网络的统一指挥下，围绕具体战术的所有动作都需要达到快、活、准、全、狠、巧、绝、稳、隐等技术方面的要求。这些方面的要求在结合具体动作运行或技法实施过程的解释是：动作运行以快为中心，动作变化以活求发展，动作发力以准为目标，技法实施以全为框架，技法往来以狠去夺势，技法变化以巧来体现，动作效果以绝为高度，思维网络以稳为保证，技击思想以隐为前提，保证动作在各方面的要求都能够凝聚在一起，统一运行在如何提高"威慑力"的基础上，并综合形成以"快"为中心的动作表现特点，通过诠释技击动作的最大价值去获得最佳的技击效果。

三、散打技击动作制胜规律

技击动作制胜规律可以总结为：简洁、实用、敏快、精细、全面加特长。

毋庸置疑，所有技击类项目的制胜规律均会受该项目规则的限制及外界条件的作用，另外运动形式和运动能力等内部因素也会产生限制。在对抗过程中，要想全面掌握控制权与反控制权，一定要深入认识本项目的规则及各项技击特征，从而使它们达到内外统一，这样才能协同发挥已经产生的最大能效，坚决反对出现任何内外冲突，不然技击思维网络将难以达到完整、统一、简洁、流畅的要求。倘若选用存在矛盾的技击思维来指导技击实践，将会大大增加展现自身技击水平的难度。

在对抗时，不同势态中均可形成正确时机感是任何技击类项目共同追求的，同时是判定技击者水平的一项关键性标准。它不但是技击思维网络反映价值的重中之重，而且可以有效测试控制与反控制的实际水平。不管采用哪种手段，判断与把握时间都是十分关键的部分，总体表现为时空控制能力越强，时机把握就越好，制胜能力也就相对越强。在武术技击的技法表现中，总体为腿（踢）、拳（打）、摔、拿"四击"之间相生相克，如拳克摔、摔克腿、腿克拳、拿克缠抱（"拿"在缠打中控制与反控制的作用尤其突出）。当然，在条件允许的情况下，拳克腿、拳克拿、拳克拳也都是很正常的现象。

要想在技击类项目中赢得胜利，就要在控制与反控制的能力上下功夫。要想顺利完成技击对抗，基础条件是构建一套完整且自成体系的技击思维网络，网络必须统筹兼顾到技击对抗的所有要素，保证自身的体能、技术、战术、心理、智力均可发挥出最佳状态，从而顺利掌握对抗中的控制权。因而，达到技击目标的方式和途径就应运而生，技击目标也能够充分发挥其价值。

截至当前，国内有关武术散打制胜规律的研究成果还比较少，已经存在的只是关于传统武术技击制胜规律在特定环节的个别研究，但对当前武术散打项目具体技法的实践指导依然处于空白状态。指导散打实践活动必须有更加具体、更加有针对性的理论，这样的理论才能更好地指导实践活动。目前，开展武术散打项目的框架建立在传统武术的基础上，同时借鉴了很多外来搏击技法，对抗表现形式是在借鉴和改进西方技击类项目模式的基础上形成的，同时将散打规定为在一对一、分级别、有相对完善的规则和裁判等条件环境中开展的一项体育比赛，将传统武术中的比武作为比较对象，因此散打对抗中的比武目的、比武条件、比武性质、比武方式、比武规范性等方面都与其存在很多不同点。很明显，这些方面的差异表现在二者背后更深层次文化的差异，在对制胜规律的理解与要求上具有较大不同。所以，我们既不能将传统武术中的技击理论和方法生搬硬套地放到当下正在开展的散打理论与实践中去，更不能用西方搏击类运动的相关理论和方法直接替代我们散打的理论和方法。我们要从博大精神的中华传统武术中汲取精华，并抱着借鉴态度去学习西方搏击类运动，从中摄取我们所需的实战经验、技击思想和理论精华。

第五节　散打技法的合理运用

一、散打技法运用的规律

（一）初级阶段以拼为主

20 世纪 80 年代，运动员使用技法的表现形式主要是以盲目乱拼为主，在那个时期，武术散打运动还处在试验阶段，广大群众对使用武术技法展开人体格斗仅仅停留在感性认识的层面，全体参赛队员都只是业余爱好者，不仅没有接受过系统性训练，也没有较强的技能与身体素质，运动员赢得比赛主要凭借勇气、体力及感觉，只有一小部分运动员表现出较高的技术水平。但从总体来分析，运动员使用技法的多数状态都是盲目乱拼，这种状态只是看似异常精彩。

（二）中级阶段反击为主

经过几年的胡打乱拼之后，运动员看出了这种做法的弊端和劣势，开始尝试使用防守反击的打法。因为运动员运用技法主动进攻的水平与身体素质比较有限，所以难免出现很多破绽，为防守反击运动员带来了很多有利条件，在对方主动进攻未能出现理想效果的情况下，只要防守反击的运动员守株待兔、思路清晰，就可以顺利反击。

因此，当大家认识到了这个问题以后，都开始采用防守反击的打法。双方运动员都打防守反击，你不进攻，我也不进攻，加上场上裁判员对于运动员消极的处罚不严格，因此导致武术散打比赛不激烈、不精彩。这种现象在 20 世纪 80 年代哈尔滨举行的全国武术散打比赛中反映得最为突出，可以作为从初级阶段开始向中级阶段迈进的标志。

尽管运动员运用武术散打技法是将防守反击作为常用手段，同时使得比赛的激烈程度和精彩程度难以保障，但从运动技法的发展规律来分析，表明运动员正在从盲目乱拼的感性阶段逐步过渡到有效使用技法的理性阶段。通常情况下，新运动员和缺乏比赛经验的运动员随意运用技法的情况比较常见。性格内向、沉稳、经验丰富、体能差的运动员喜欢打防守反击；兴奋型的运动员、身体素质好的运动员、技术水平明显高于对手的运动员、比分落后的运动员喜欢主动进攻。从整体的情况来判断，技术发展中级阶段的运动员使用技法是以防守反击为主。

（三）高级阶段进攻为主

从武术散打被列为正式全国锦标赛开始，到第十一届全运会为止，运动员使用技法以防守反击为主的表现形式，经过了近多年训练竞赛实践的锻炼，已经开始逐步向以主动进攻为主的方向发展。运动员使用技法的表现形式从防守反击为主转向以主动进攻为主，必须具备主动进攻即可击中、摔倒对方所需要的各种条件。这些条件包括起点动作、距离判断、避实就虚、迷惑调动、内敛心理、强悍体能、技法合理、部位准确八个方面的要素。运动员各项竞技能力要想达到只主动进攻就可击中、摔倒对方，必须坚持不懈地培养与训练自身的智能、技能、体能、心能。如果运动员某个方面的要素不符合主动进攻的要求，则主动进攻不仅难以取得成功，而且可能会被对方反击。

主动进攻是武术散打技法运用的最高表现形式，是运动员技术水平高级阶段的主要标志，也是比赛能够取得胜利的重要保证。主动进攻和防守反击是互为条件的，主动进攻没有成功才给对方提供防守反击的条件，如果主动进攻击中、摔倒了对方，在这一回合中，对方就没有防守反击的机会。倘若运动员每次主动进攻均可击中、摔倒对方，则赢得比赛胜利的难度将会大大降低。尽管运动员使用技法依旧存在盲目乱拼的问题，但就表现形式来说依旧是主动进攻。主动进攻与盲目乱拼的本质区别是：运动员已经拥有只要发出技法即可击中、摔倒对方的竞技水平。采取主动进攻的方式，强调人的理性对行为的支配作用；盲目乱拼是不顾及主观情况和客观情况，盲目随意地发出技法动作，动作发出后可能会恰好击中、摔倒对方，也可能被对方防守反击。

高水平的运动员以主动进攻为主，所指的是使用技法表现形式的一种主流趋势，并不否认高水平的运动员根据比赛对手的实际情况，可以采用防守反击的打法和防守反击的战术。主动进攻能够取得胜利，防守反击也能够取得胜利，是针对不同技术特点和不同技术水平的运动员交手而言的。除此之外，高水平运动员并不可以绝对保证每次主动进攻均可获得成功，如果不成功则会让对方有机可乘。如果双方都是高水平运动员，运动员技术水平越高，则主动进攻的难度系数越高。高水平运动员往往对主动进攻技法有很强的敏感性，对方运动员一旦有动静必然会做出反应。换句话说，高水平运动员之间的较量就是主动进攻能力的较量。

二、散打技法运用的对策

（一）内动打抢攻

内动是指运动员的内心活动，抢攻是指先主动进攻对方。内动打抢攻就是指对方运动员还没有发出动作之前，主动地采用技法抢先进攻对方。"抢"字除了具有"先"的意思，还具有动作"快"的含义。武术散打比赛，场上裁判员每次发出"开始"口令之后，双方运动员有一个短暂的互相对峙的过程，需要注意观察、冷静思考，寻找对方的破绽，判断对方的意图，考虑自己的行动方案，等等。

运动员互相对峙时，身体不动是相对的，动是绝对的，动主要是内心的活动。在这样的情况下，运动员最佳的行动方案就是不要受对方的影响和牵制，互相之间不要消极等待，针对对方运动员预备姿势的薄弱环节，针对对方运动员进行注意、观察、思维转换，需要一个时间过程所产生的空当，快速灵活地选择相应的技法动作和攻击部位，毫不犹豫地抢在对方发出动作之前主动进攻。

一般来说，进攻、防守、反击是武术散打技法的三种表现形式，三者发挥着不同的功能，不但是比赛的客观需要，而且是比赛中的客观存在。运动员内动打抢攻，并非盲目乱攻，而是发出动作后一定要击中对方，同时阻止对方达到防守目的或反击目的。实现这个目标需要运动员智能、技能、体能、心能等多方面的协调配合，所以需要对比较分散的有关因素展开优化整合，从而形成有针对性的进攻技法。

从使用技法的表现形式上来看，进攻、防守、反击相互之间也是相生相克的，有进攻就有防守，有防守就有反击，它们相互衍生、相互配套，并没有优劣之分。但是，从使用技法的本质上来看，防守和反击都是针对进攻动作而言的，如果主动进攻能够直接击中、摔倒对方，不给对方防守、反击的机会，在这一回合中就不存在防守或反击，主动进攻是衍生防守和反击的前提条件。

在比赛过程中，运动员很难保证每次进攻均可击中、摔倒对方，不给对方带来任何防守机会或反击机会，但站在影响比赛输赢的因素与提高技能水平训练的角度来判定，内动打抢攻的成功率越高，则对方得以防守或反击的机会就越小，赢得比赛胜利的机会就越多，运动员的技能水平就越高。由此可知，通过武术散打来提升运动员内动打抢攻的能力是一条难以行走而又必须行走的捷径。

从运动员掌握进攻、防守和反击的难易程度上来看，掌握主动进攻最难，防守反击次之，单纯防守最容易，因为主动进攻对于运动员的智能、技能、体能、心能的综合要求都很高。按照"以难带易"的训练原则，武术散打训练应该把"内动打抢攻"放在最突出的位置，以培养运动员"内动打抢攻"的能力为主线，促进智能、技能、体能、心能的全面发展。只要熟练地掌握了主动进攻的方法，掌握防守和反击的方法就是顺手拈来、迎刃而解的事情。

（二）小动打迎击

运动员预备姿势出现变化后，发出进攻动作或反击动作之前，为进攻或反击创造条件的部分过渡性动作，就是小动。当运动员对峙伺机进攻时，为了寻找和制造战机，必然会出现步法移动，或者通过肢体来做一些分散和转移对方注意力、尝试改变对方预备姿势的状态，从而促使对方发出进攻动作，最终目标是为进攻或反击创造条件。此类动作肢体结构变化幅度比较小，所以被人们称为"小动"。

在比赛过程中，运动员注意力高度集中，通常对方动作"诱导信号"会对运动员产生重要影响，如果一方运动员出现动作，那另一方运动员则会观察对方的意图。这个时段，只判定对方意图而没有思考自身应当如何做，运动员这些表现是人体第一信号系统的条件反射导致的。从本质来说，运动员"小动"的姿势状态同样是比较好的进攻机会，小动打迎击就是针对该状况提出的行动对策。

小动动作幅度小，但肯定也有起点、运行、结束三个部分，在动作的起点和结束这个时间段内，运动员不可能发出任何进攻和反击动作，因此有针对性地选择动作迎着对方的小动作进攻容易成功。问题的关键是小动作从出现到结束停留的时间非常短，运动员反应慢一点，机会就会转瞬即逝。运动员要想抓住这些时机，一定要严格要求自身的反应速度、动作速度及动作的条件反射能力，只有达到自动化程度才能在比赛过程中充分发挥自己的技能。

小动打迎击，是指对方运动员的小动作出现时，不要受对方小动作的影响和牵制，即刻选择针对性较强的相应动作进攻。迎击的核心表现在"迎"字上，"迎"的意思是彼动己也动，彼动时迎着对方的动发出招法。"迎"字强调的是在对方小动作的起点到结束这个阶段内，进攻动作一定要抵达对方被攻击的部位，因为对方的小动作一旦结束就能发出防守或反击动作，只有抢在对方小动作结束之前迎击，才能够击中对方而又不被对方反击。

运动员的水平越高，则动作越精细，出现容易察觉的动作破绽越少，所以带给对方进攻得分的机会越少。然而，高水平运动员不可能不在比赛过程中出现步法移动，或者转移对方、调动对方的部分动作姿势状态，倘若运动员必须出现此类情况，则需要将小动当成主动进攻的时机，拓展进攻时机的范围是提高运动员技能纵深发展的一个关键方面。

（三）大动打反击

大动打反击是指对方发出具有攻击作用的技法动作以后，针对各种拳法和腿法进行反击。由于拳法和腿法这一类动作肢体结构的变化幅度大，身体各部位结构位置变化的反差大，发出动作后的运行路线长，回收的时间也长，因此称其为"大动"。任何事物都是有利有弊的，表面上看大动是攻击性动作，但是由于攻击性动作运行轨迹长，持续的时间长，因此暴露了容易被对方反击的弱点。大动是主动进攻争取得分必须采用的手段，如果不能击中对方就会留给对方反击的机会，利、弊、得、失共同存在于进攻和反击之中。

通常来说，运动员主动进攻的水平与能力越低，或者对方运动员水平越高，则成功运用拳法与腿法主动进攻的概率越低。如果运动员主动进攻动作没有成功，则必然会降低对方反击的难度。因此，比赛场上能够看到运动员的三种表现：第一，运动员盲目地乱打乱拼，这往往反映在初级运动员身上；第二，运动员都消极等待，盼望对方出现有漏洞的主动进攻动作，随后展开反击，这往往反映在中级运动员身上；第三，先出手时可以击中对方，后出手时可以反击对方，采用技法出现落空的可能性比较小，这往往反映在高级运动员身上。

用运动员使用技法的对策来衡量，大动打反击比较容易完成，是初级运动员的表现；小动打迎击次之，是中级运动员的表现；内动打抢攻最难做到，是高级运动员的表现。技法运用从低级到高级的不同表现形式，标志着运动员技能水平的不断飞跃，这种飞跃并不是一件容易做到的事情，需要通过长期艰苦的训练才有可能实现。运动员的智能、技能、体能、心能水平，如果达不到主动进攻和防守反击都能成功的要求，就永远不可能进入高级阶段。

在运动员运用技法时，往往会采用内动打抢攻、小动打迎击、大动打反击这三种对策，同时结合比赛的具体情况来实施。然而，站在使用的先进性与训练难易程度的立场来分析，掌握先进打法的难度往往比较高，同时最先进的内动打抢攻打法往往掌握难度比较高，小动打迎击次之，大动打反击最容易。具体来说，内动打抢攻和小动打迎击都是主动进攻的打法，而大动打反击则是防守反击的打法。运动员要想提升自身的武术散打运动水平，必须在内动打抢攻、小动打迎击两方面找到突破口。

第三章 散打运动员技法训练

第一节 散打运动员步法技术训练

一、步法技术分析

（一）滑步

1. 前滑步

后脚掌蹬地，前脚稍离地向前滑出 20～30 厘米，后脚随之跟进相同距离，身体重心保持在两脚之间，整个动作完成后仍为原来的姿势。

2. 后滑步

前脚掌蹬地，后脚稍离地向后滑出 20～30 厘米，前脚随之后退相同距离，身体重心保持在两脚之间，整个动作完成后仍为原来的姿势。

（二）垫步

从预备姿势开始，重心前移，后脚蹬地向前脚内侧并拢，随即前脚屈膝提起，根据情况使用蹬、踹腿法；上动不停，在使用腿法的同时，支撑腿随蹬（踹）腿向前再垫出一步，脚跟斜向前。

在运用垫步时，为了能够取得理想的步法运用效果，要注意以下两个方面：首先，后脚向前脚并拢要快，前腿提起的动作与后腿的并拢动作不脱节，不停顿；其次，配合后腿的垫步要与腿法同时完成，但要注意垫步时不能腾空，为加大力度和充分伸展，踹出后的支撑腿脚后跟必须斜向前方。

（三）纵步

以前纵步为例，从预备姿势开始，两脚同时蹬地，使身体向前或向后移动。在运用纵步时，为了能够达到理想的步法运用效果，要注意以下几个方面：首先，启动前不宜过分减低重心，不然容易暴露动作意图；其次，动作主要靠脚踝的力量向前纵出，但不宜过于腾空；最后，向后纵步，动作要领与向前纵步相同，但方向相反。

（四）交换步

从预备姿势开始，前后脚同时蹬地稍离地面，在空中左右腿前后交替，转体120°左右，同时两臂也做前后体位的交换，完成动作后形成与原来相反的预备姿势。在运用交换步时，转换时要以髋部力量快速带动两腿交换，同时身体不能腾空过高，否则就会影响步法的运用效果。

（五）击步

1. 向前击步

从预备姿势开始，重心前移，后脚蹬地向前脚内侧迅速靠拢，在后脚着地的同时前脚向前方迅速跃出，两脚着地后还原成预备姿势。

2. 向后击步

从预备姿势开始，重心后移，前脚蹬地向后脚内侧迅速靠拢，两脚着地后还原成预备姿势。

（六）闪步

1. 左闪步

从预备姿势开始，上体保持原来的姿势，前脚向左侧迅速蹬出 20～30 厘米，紧接着后脚以前脚为轴迅速向左滑动，角度在 45°～90°以内，动作完成后还原成预备姿势。

2. 右闪步

从预备姿势开始，后脚向右方横向蹬出，随后以髋部带动前脚向右侧滑动，身体转动一般在 60°～90°之间，动作完成后还原成预备姿势。

需要注意的是，此步法也常常用于侧闪防守时，其中关键的动作是转体闪躲。因此，为了能够较好地躲闪对方的正面进攻，侧闪步的同时要转体，否则就会影响步法的运用效果。在运用击步时，不能腾空过高，两脚动作要依次、连贯、快速。

二、步法技术训练

（一）散打步法的技术要求

灵活的步法能够调整身体重心，维持身体的平衡，使得运动员在进攻和防守中处于优势地位。散打的步法技术要求有如下几方面。

1. 步法要"活"

步法要"活"，就是指步法的移动和转换要灵活敏捷。在散打比赛过程中，步法应灵活多变，轻松自如，使得对方难以把握我方的重心变化规律，使得对方进攻判断困难。要想有灵活敏捷的步法，需要良好的腿部力量，膝关节和踝关节的弹性要好。另外，在准备姿势站立时，两脚之间应保持合适的距离。

2. 步法要"快"

步法要"快"，即步法移动的速度要快。步法移动速度快，才能够快速躲避对方的进攻，以迅雷不及掩耳之势发动攻击。在实战过程中，双方会保持一定的距离，在进攻时，就需要通过步法来接近对方，达到有效的进攻距离之后发动进攻。另外，在进攻之后还要能够迅速后撤。

3. 步法要"稳"

散打运动员的步法要稳定，这对于其在比赛中的发挥具有重要的意义。要使步法稳定，应注意以下两方面。

首先，在步法移动时，应避免两腿处于交叉状态，尽可能使身体处于力学稳定状态。

其次，在进攻或防守时，重心的垂直投影不要超出支撑面过多，以免失去稳定性。在出拳攻击时，如果用力过猛，就会导致重心过度前移，步法会变得不稳，给对方以反击的机会。

4. 步法要"准"

步法要"准"，即步法的移动要具有准确性。准确的步法移动，能够为进攻和防守创造良好的时机。在进攻时，如果步法移动不到位，进攻效果就会不佳；如果防守时步法不准确，则会给对方以可乘之机。把握步法移动的准确性，主要取决于运动员的时空感觉能力，这种能力的获得有赖于长期的训练实践和不断摸索总结。

（二）步法的训练

步法训练的方法很多，主要方法有如下几种。

1. 个人练习

在学完相应的步法之后，个人要反复练习，反复揣摩，体会要领，巩固技术。开始可专门练习一种，待技术熟练以后，可把几种步法组合练习，以适应实践中的各种变化。

2. 结合信号练习

教练员或陪练人员可以运用掌心、掌背的朝向或手指的数量，或规定的某一个动作等为信号，要求练习者根据信号做出相应的步法，巩固步法，提高反应能力。

3. 两人配合练习

两人保持一定的距离。一方可随意做出各种步法动作，另一方则需要模仿对方的步法动作或做出与对方相反的步法动作，如一方进步，则另一方退步。通过练习来提高运动员的反应能力和步法移动的准确性。

4. 结合攻防动作练习

结合攻防动作进行步法练习，是提高步法移动实效性的主要方法，也是提高上下配合、整体协调的重要手段。可与各种拳法、腿法等结合在一起进行练习。

5. 实战中练习

在掌握相应的步法之后，可在实战中进行巩固和提高，使得运动员掌握步法移动的时间、速度、幅度等，发现自身的不足，积极进行改进。

第二节　散打运动员进攻技术训练

一、拳法及其训练

实战准备姿势：以正架式为例，两脚左前、右后开立，略比肩宽，两脚尖微内扣，两膝微屈，重心在两腿之间，前脚掌内侧与后脚脚跟内侧在一延长线上。两手左前、右后握拳，拳眼均朝上，左臂弯曲，肘关节夹角在 90°～110° 之间，左拳与鼻同高，右臂弯曲，肘关节夹角小于 90°，大臂贴近右侧肋部，相距约 10 厘米，身体侧立，下颌微收，闭嘴合齿，面部和左肩、右拳正对对手。

散打的实战姿势需从实战出发，因此要便于进攻和防守，并便于移动。另外，还要注意姿势不可太低，重心控制在两脚之间，两手坚护躯体，注意防护头部，尽量缩小暴露给对手的部位。

（一）直拳

直拳又称为"冲拳"，其技术动作分析和训练如下。

1. 直拳技术分析

（1）左直拳击头

从基本搏斗姿势开始，右脚掌蹬地，使重心快速前移到左脚上，身体右转，右脚跟稍向内转一下，在转体同时，探左肩，左臂迅速向前伸出，力量集中在拳头顶部，在击拳瞬间应该感到肩部有催劲。左膝稍弯曲一下。右手防护下颌，肘部防护身体；左手击打完成后应尽快收回，还原成开始姿势。

（2）右直拳击头

从基本搏斗姿势开始，以右脚前脚掌支撑蹬地，同时脚跟外转，把蹬地力量传至全身。身体随左后转，旋右臂向前沿直线冲出，在接近目标的瞬间，合肩，将拳握紧。随出拳瞬间，重心移在左脚上，全脚着地。右脚微向左脚跟跟进，右膝靠近左膝。收左手防护头及上体。

（3）右直拳击上体

从基本搏斗姿势开始，重心移向右脚，以右前脚掌为支点，用力蹬地，身体随之左后转；重心前移到左脚，全脚着地。在身体左后转的同时，左膝屈约 $100°\sim130°$。重心在后脚。与转腰同时，右手臂沿直线向前冲出。左手护头，肘护肋。

（4）左直拳击上体

从基本搏斗姿势开始，重心移至左脚。左脚微向里扣，脚跟微外转，左膝屈成 $110°\sim120°$。重心向左脚移动。右脚蹬地，身体随之右转。同时，左臂沿直线快速冲出。右手防护不变。

2. 直拳技术训练

第一，以实战姿势站立，进行原地直拳空击练习。注重动作的规范性，体会动力发力。一般运用自身力量和速度的 $30\%\sim50\%$ 进行练习。

第二，进行行进间左右直拳空击练习，配合前滑步和后滑步。这一训练是运动员在对技术动作有了初步了解之后进行的训练。这时的训练应注重攻防，实战姿势应做好防守，滑步直拳完成进攻。

第三，进行左右直拳打固定手靶练习。在进行练习时，应注重动作的规范性，同时运动员还应提高击打力量，培养击打感觉。还应做好动作与呼吸之间的配合，在攻击时吸气呼气、牙齿咬合。

第四，直拳进攻打手靶练习。练习时拳法与腿法应一致。教练员应将手靶放在身体范围内，提高进攻距离意识。

第五，直拳打沙包练习，提高击打力量。

第六，左右直拳打手靶迎击和反击练习。陪练人员在拉近距离时应与实战相一致。

第七，直拳反击鞭腿练习。陪练人员进行鞭腿攻击，运动员在对方鞭腿攻击已经做出，但是尚未接触自己时完成直拳反击。

第八，直拳反击掼拳练习。陪练人员进行掼拳攻击，运动员俯身躲过，进行直拳反击。

（二）掼拳

掼拳又称为"摆拳"，其技术动作分析和训练如下。

1. 掼拳技术分析

（1）右掼拳击头

从基本搏斗姿势开始，右脚尖蹬地，脚跟微外转，身体随之猛向左拧转，右臂由侧横向呈弧形摆动。边摆边前冲，再加上肩部动作一起向击打方向送出。身体重心略移到左脚。击打后，身体稍降低，微向左侧偏，以防身体前倾失去重心，暴露弱点。击打的刹那左肩比右肩略低。击打完成之后，右前手臂应与地面平行。击打后的右手不要离开身体过远。左手保护下颌。

（2）右掼拳击上体

从基本搏斗姿势开始，上体向右转。同时，身体微俯，右拳屈臂横向向左击出。边出拳边抬肘，碾脚，蹬地，转体带臂，重心左移。拳触目标时向里推击，防止对方把腹部绷紧。击后迅速还原成开始姿势。

（3）左掼拳击头

身体重心移至右脚，随之向右转体带臂，左肘微屈，使左拳前送并呈横向从左向右摆动。同时，左脚蹬地，脚跟微外转，随之全脚掌着地，左膝屈约110°～120°。右手保护下颌。

（4）左掼拳击上体

重心右移，两膝微屈，重心下降。同时，身体及腰部向右突转带动左手臂（左臂微屈）将拳呈横向朝对方上体击出。右手保护头部。

2. 掼拳技术训练

（1）以实战姿势站立，进行原地掼拳空击练习

注重动作的规范性，以自身力量和速度的 30％～50％进行练习。

（2）滑步左右掼拳空击练习

实战姿势注重防守。注重动作的规范性。

（3）掼拳与直拳组合空击练习

左手掼拳＋右手直拳练习；左手直拳＋右手掼拳练习；左手掼拳＋右手直拳＋左手掼拳练习；右手直拳＋左手掼拳＋右手掼拳练习。由原地练习逐渐过渡到配合步法的练习。组合动作应具有较强的整体性，要一气呵成。以上组合是一些典型例子，可在实际训练中灵活进行动作组合。

（4）组合技术打靶练习

左手掼拳＋右手直拳打手靶练习；右手直拳＋左手掼拳打手靶练习。初练时可打固定手靶，熟练之后可突然举起手靶，锻炼其快速反应攻击能力。

（5）掼拳反击技术练习

进行直拳、掼拳、鞭腿、正踢腿等攻击的反击练习。

（三）勾拳

勾拳又称为"抄拳"，其技术动作分析和训练如下。

1. 勾拳技术分析

（1）右勾拳击头部

从基本搏斗姿势开始，重心微降，右脚前脚掌蹬地，重心移至左脚。上体略向击打方向伸直，腰微左转、前送，借转体力量带臂（臂屈约 45°～80°）将拳自下而上，用挺展力量击出。击打刹那间，拳心向内。

（2）右勾拳击上体

从基本搏斗姿势开始，身体重心移至右脚，体位略下沉。右脚猛蹬地，使腰部突然微左转挺展带动手臂将拳由下向上抄起，击打对方腹部，同时重心移至左脚。一般随出拳向前跨一步。

（3）左勾拳击头

从基本搏斗姿势开始，重心移向左脚，体位微下沉，腰部和左腿瞬间挺直，借挺展力量带动手臂，将拳由下往上抄起。击打刹那间，拳心朝内。

在运用此拳法时，既可以直接击头，也可用于当对方右直拳击己方头部时，己方向右侧闪，同时用左勾拳击对方头部。需要注意的是在运用时，为了取得较为理想的效果，要注意动作的标准性。

（4）左勾拳击上体

左勾拳击上体的动作方法与左勾拳击头基本相同，不同之处在于左勾拳击上体的身体弯曲度加大。

2. 勾拳技术训练

第一，以实战姿势站立，进行原地勾拳技术练习。运用自身力量和速度的30％～50％，注重动作的规范性。

第二，行进间滑步勾拳练习。注重动作质量。

第三，勾拳打固定手靶练习。

第四，组合技术练习。左直拳＋右勾拳；左勾拳＋右直拳；左掼拳＋右直拳＋左掼拳；左掼拳＋左勾拳＋右直拳；右直拳＋左勾拳＋右掼拳；左直拳＋右直拳＋左掼拳＋右直拳＋左勾拳。以上组合是一些典型例子，可在实际训练中灵活进行动作组合。动作要与步法配合，组合要具有较强的整体性。

第五，组合技术打手靶练习。右手直拳＋左手勾拳；右手勾拳＋左手掼拳。

第六，攻防练习。持手靶进行直拳攻击，练习者躲过后进行勾拳反击打手靶；在缠抱状态下，进行勾手反击。

（四）转身鞭拳

1. 转身鞭拳技术分析

（1）右鞭拳击头

从基本搏斗姿势开始，以左脚为轴，右脚后插步，身体右后侧转体，同时右拳横扫，随之以肘为轴，猛甩腕翻拳，用拳背击打对方头部。动作完成之后还原成实战姿势。

（2）左鞭拳击头

从基本搏斗姿势开始，先以左脚为轴，右脚向前上步，身体向左侧转体，再以右脚为轴，左脚经由后侧向前上步，转身左拳以肘为轴横扫，猛甩腕翻拳，用拳背击打对方头部。

2. 转身鞭拳技术训练

第一，以实战姿势站立，进行转身鞭拳练习。注重技术动作的规范性，认真体会动作路线和发力方法，运用自身力量和速度的 30%～50%。

第二，进行行进间鞭拳练习，注重动作的节奏。

第三，转身鞭拳打固定手靶的练习。注意进攻距离的控制。

第四，组合拳法空击练习。右手直拳＋上步转身左鞭拳练习；左手直拳＋撤步转身右鞭拳练习；右手直拳＋左掼拳＋转体右鞭拳练习；左手直拳＋右手掼拳＋上步左鞭拳练习。注重步法的协调和重心的控制。

二、腿法及其训练

散打的腿法包括正蹬腿、侧踹腿、鞭腿、后蹬腿、劈腿、转身摆腿等。这里主要就正蹬腿、侧踹腿、鞭腿等技术及其训练进行分析。后蹬腿、劈腿和转身摆腿只进行技术的分析，其训练可参考前几种腿法的训练。

（一）正蹬腿

1. 正蹬腿技术分析

支撑腿微屈，另一腿蹬地屈膝上抬，脚尖微勾起，展髋向正前方猛蹬冲。同时，上体微后倾，髋前送，在右脚触及目标的瞬间，全身肌肉绷紧，力达足跟，再次发力用前脚掌点踏。

2. 正蹬腿技术训练

第一，以实战姿势站立，进行正蹬腿空击练习。注重动作的规范性，体会动作发力。以自身动作速度和力量的30％～50％进行练习。

第二，进行行进间正蹬腿练习。

第三，正蹬腿打固定脚靶练习。陪练人员注重实战距离的掌握。

第四，腿法战术组合动作空击练习。左正蹬腿＋右正蹬腿进攻练习；左腿单跳步＋左正蹬腿练习。

第五，拳法与腿法战术组合动作空击练习。左直拳＋右正蹬腿练习；左直拳＋右直拳＋左正蹬腿练习；左正蹬腿＋右直拳＋左正蹬腿练习；左摆拳＋右直拳＋左正蹬腿练习。

第六，组合技术打靶练习。

第七，打沙包练习。

第八，攻防模拟练习。

（二）侧踹腿

1. 侧踹腿技术分析

支撑腿脚尖微外转，腿微屈，侧对对方；另一腿屈膝高抬，脚尖自然勾起，脚外沿朝向对方，腿部猛然伸直，用脚掌沿直线蹬踹目标。在发力的瞬间，转髋，加大旋转劲，以助腿部鞭打效果。踹腿时上体自然向相反方向倒体，踹腿越高倒体越大。

2. 侧踹腿技术训练

第一，以实战姿势站立，进行侧踹腿练习。控制练习速度和力量在 30%～50%。

第二，进行行进间侧踹腿练习。

第三，侧踹腿打固定脚靶练习。陪练人员应注重实战距离。

第四，脚法组合空击练习。左侧踹腿＋右正蹬腿练习；左正蹬腿＋左侧踹腿练习；单跳步＋左腿低位侧踹腿＋左腿高位侧踹腿练习；左正蹬腿＋右侧踹腿练习。

第五，拳法与腿法的组合练习。左手直拳＋左侧踹腿练习；左手掼拳＋右手直拳＋左侧踹腿练习；左侧踹腿＋右手直拳＋左正蹬腿练习；左正蹬腿反击＋左手掼拳进攻＋右手直拳进攻＋左侧踹腿练习。

第六，组合技术打靶、打沙包练习。

第七，攻防模拟练习。

（三）鞭腿与小鞭腿

1. 鞭腿技术分析

（1）鞭腿

前脚向前滑动一步，前移约 10～20 厘米，带动后脚前移，支撑身体重量。几乎在落步同时，屈膝向斜前抬大腿，带小腿，随之用力拧腰转髋，猛挺膝，横向由外向内用力踢出，力达足背。

（2）小鞭腿

重心略后移，支撑腿微屈；另一腿抬起，快速向斜下侧弹出。上体自然朝踢击方向微转。

2. 鞭腿技术训练

第一，以实战姿势站立，进行鞭腿技术练习。控制自身力量和速度在30％～50％。注重动作的用力，注重展髋，支撑脚要充分转体。

第二，进行行进间左右鞭腿练习。注重动作质量和整体节奏。

第三，鞭腿打固定脚靶练习。注重实战距离的掌握。

第四，腿法技术组合空击练习。左踹腿＋右鞭腿练习；左小鞭腿＋左侧踹腿＋右鞭腿练习；右鞭腿＋左正蹬腿练习；左正蹬腿＋左侧踹腿＋右鞭腿练习；左单跳步＋左腿低位侧踹腿＋左侧踹腿＋右鞭腿练习。

第五，拳法与腿法组合空击练习。左小鞭腿＋右手直拳＋右鞭腿练习；右鞭腿＋右手掼拳练习；左小鞭腿＋右手直拳＋右鞭腿练习；左单跳步＋右手直拳＋左鞭腿练习。

第六，组合打靶、打沙包练习。

第七，攻防模拟练习。

（四）后蹬腿、劈腿和转身摆腿

1. 后蹬腿

后蹬腿动作突然，如果运用得当，则能够出奇制胜。左后蹬腿的技术动作如下：以实战姿势站立，右脚向前上步成右实战姿势站立，同时身体迅速向左转体收腹团身，以右腿支撑身体重心，左腿屈膝提起，以脚跟为力点用力向后沿直线蹬出。

2. 劈腿

劈腿即为由脚预摆提起然后由上而下、向前攻击的一种腿法。攻击力量大，但是动作幅度大，容易被对方反击。左劈腿基本动作技术为：以实战姿势站立，右腿向前垫步，同时左腿屈膝抬起，以右腿支撑身体重心，当左脚预摆超过头部高度时，迅速向下、向前劈落，力达脚跟或脚掌。

3. 转身摆腿

以左转身摆腿为例。以实战姿势站立，左脚向前上步呈实战姿势站立，以右脚前脚掌为轴，脚跟外旋，身体向左后方转体，左腿随转体动作向后、向左前上方横摆，脚面绷平，力达脚跟或脚掌。

三、快摔法及其训练

（一）抓臂按颈别腿摔

对方用右掼拳或右直拳向己方头部击来，己方迅速向左微转体，用左前臂向左上架格挡住，左手下滑抓其腕部，随身体左转上右脚，用右腿别住对方右腿，右臂向左挟拧对方颈部时身体再向左拧转，左手用力向左后拉对方右臂，右臂向左下猛挟拧对方颈部，继续用力使对方倒地。

（二）接腿搂颈摔

己方右脚在前，对方起右脚蹬己方上体时，己方用左臂由外向内抓其小腿，右手搂其颈部并外旋。左手猛力上抬对方右腿，右手继续向右后下方边搂边抓压，形成力偶，同时用右脚截其支撑腿使其倒地。

（三）抱腿别摔

对方用左鞭腿击己方上体，己方迅速靠近对方，用右手从上抓其左脚腕，并屈左臂用肘窝夹住其左膝窝。随即躬身用左手由裆下穿，用左手掌扣住其右膝窝，右手往右后扳拉其左脚腕。身体右后转，同时下降重心，右手继续向右后扳拉，形成力偶，迫使对方瞬间失去重心而倒地。

（四）抱腿压摔

对方用左鞭腿击己方上体，己方迅速靠近对方，用右手从上抓握其左脚踝，并屈左臂用肘窝夹住其左膝窝。右脚向右后撤一步，上体随之右后转并屈膝降重心。左臂夹紧其膝部，右手先向左后拽拉，后向上扳其小腿。左肩前靠，形成力偶，使对方向后倒地。

（五）格挡搂推摔

对方左脚在前，用左直拳或掼拳向己方头部击来。己方用右手臂上架来拳，并屈臂顺势向右后经由对方左臂外侧由上往下滑动，用力卡住其左臂。上左腿，右手下滑至对方左大腿时，向身侧扳回，同时用左手猛推对方左胸部，使其失去重心倒地。

（六）闪躲穿裆靠摔

对方左脚在前，用左直拳或掼拳向己方头部击来。己方迅速屈膝下潜，使对方击打落空。下潜的瞬间，上右脚落于对方左脚后。同时，用左手抓按对方的左膝，右臂沿对方左腿内侧伸到其胯下，别住其右膝窝处，用头顶住对方胸部，上体用力向后猛靠使对方倒地。

在进行摔法训练时，可进行分解、完整、空击模拟相结合的训练方法，其后再进行攻防条件下的实战强化。

第三节　散打运动员防守技术训练

一、防守技术分析

（一）拍压

拍压主要用于防守对方以直线手法或腿法向己方中、下盘进攻，如下直拳和蹬、踹腿等。左（右）拳变掌，以掌心或掌根为力点，由上向前下拍压。

（二）拍挡

拍挡主要用于防守对方以直线拳法或横向腿法向己方上盘进攻。左架实战势开始（以下同），左（右）手以手腕为力点，向里横向拍挡。

（三）外挂

外挂是指结合左、右闪步，挂防对方蹬、踹腿或横踹腿攻击己方中盘以下部位。实战势开始，以左手外挂为例。左拳由上向下、向后左斜挂，拳心朝里，肘尖朝后，臂微屈。

在运用外挂时，需要注意左臂肘关节微屈，肘尖里收朝后，左臂向左后斜下挂防。这样往往能够取得较为理想的防守效果。

（四）里挂

里挂主要是指结合左闪步防守对方向己方正面或偏右以腿法攻击我方中盘部位。实战势开始，以左手里挂为例。左臂内旋，左拳由上向下、向右后斜下挂防，拳眼朝内，拳心朝后。

（五）挂挡

挂挡主要用于防守对方以横向的手法或腿法向己方中、上盘进攻，如右（左）掼拳或左（右）横踢腿等，即用左（右）手屈臂向同侧头部挂挡。

（六）外抄

左（右）手臂外旋弯曲，上臂接近垂直，前臂近似水平，手心朝上。同时，右（左）手屈臂紧贴胸前，立掌，手心朝外，手指朝上。

（七）里抄

里抄主要是抄、抱对方直线腿法或横线腿法向己方右侧攻击上、中盘部位，如正面的蹬、踹腿和左横踢腿等。左（右）臂微屈并外旋，紧贴腹前，手心朝上。同时，右（左）手屈臂紧贴胸前，立掌虎口朝上；掌心朝外。

（八）掩肘阻格

掩肘阻格主要是防守对方以由下至上的手法攻击己方中、下盘部位，如勾拳等。以左掩肘为例，由实战势开始，左臂弯曲，前臂外旋，在腰微向右转的同时向内、向腹下滚掩，拳心朝里，以前臂尺骨下端（小指侧）为防守力点，含胸、收腹、低头。

在运用掩肘阻格时，需要注意：上体含缩，两手紧护胸腹，以腰带臂，滚掩如关门闭户。动作一定要到位，否则防守效果就会受到一定程度的影响。

（九）提膝闪躲

提膝闪躲主要用于防守对方从正面或横向以腿法攻击己方下盘部位，如低踹腿、弹腿、低横踢腿和勾踢腿等。由实战势开始，前腿（左前右后）屈膝提起离地。

在运用提膝闪躲时，需要注意的是：重心后移，含胸收腹，提腿迅速，根据对方腿法进攻的路线和方位，膝盖分别有里合、外摆或垂直向上的变化。把握好这一点，通常就能够取得较为理想的防守效果。

二、防守技术训练

（一）个人模仿练习

在教练员讲解示范或个人自学教材后，运动员首先进行模仿、体会动作的练习。在练习时，教练员应对动作及时进行纠正，使运动员掌握正确的技术动作。

（二）假设性练习

自己想象对手的进攻，然后做出相应的防守动作。通过这种方式练习相应的防守动作，运动员能够建立正确的条件反射，形成牢固的动力定型。

（三）不接触的攻防练习

在教练员或教师的帮助下，以规定进攻动作为信号，间隔一定距离，不接触身体，练习者根据信号做出相应的防守动作。这种方法的优点在于可消除练习者的害怕心理，降低其紧张的情绪，保证动作质量，提高反应能力。

（四）接触的攻防练习

两人一组，进行攻防练习。进攻一方的用力大小、速度快慢等要根据防守方的能力来进行控制。在练习时，可原地进行练习，也可在移动中进行练习。可在原地练习的基础上进行行进间的练习，促进步法的掌握。

（五）防守反击练习

在初级阶段，进行防守练习是尤为重要的。随着水平的提高，应将防守与反击结合在一起进行训练，提高运动员的实战能力。应避免被动的消极防守。

（六）实战练习

实战练习即双方进行比赛和对抗练习，通过比赛和竞争的形式在紧张、激烈的情况下进行训练。实战训练能够提高运动员的实战防守能力。

第四节　散打运动员防守反击技术训练

一、防守反击技术分析

防守反击技术是武术散打技术中的一种主要技术。防守反击是一种复合技术，它是由防守和进攻技术组合而成的。在比赛或实战训练中，运动员在防守的同时不失时机地反击对手，或者在进攻对方的同时，做出相应的防守再予以反击，才能在比赛中变被动为主动，时刻控制比赛的节奏。

（一）拳的防守反击

1. 后手拍挡——前直拳

对手以前手直拳进攻我方头部，我方采用右手拍击防守，左直拳随之进攻对手头部的反击。拍击不宜过早，动作要短促有力，反击要快速。

2. 前手拍压防——后手掼拳

从预备姿势开始，对手用右直拳进攻我方腹部，我方前手向下拍压防守，随后用后手掼拳向对方头部反击。拍压防守与进攻动作尽量同时完成。

3. 左侧闪——前直拳

从预备姿势开始，对手用直拳进攻我方头部，我方向左侧闪，同时出左直拳攻击对方头部。侧闪与进攻要协调一致，同时完成。

（二）腿的防守反击

1. 左提膝防守——左侧踹腿反击

在实战中，对方运用小鞭腿攻击我方下肢，我方准确判断，提膝防守，并以左腿侧踹对方的头部进行反击。提膝防守要及时，并有一定的缓冲，反击要快。

2. 后滑步——右小鞭腿反击

对方运用左小鞭腿攻击我方大腿，在准确判断对方意图之后，进行后滑步防守，同时以右小鞭腿反击对方大腿。后滑步躲闪的距离要适中，防守反击转换要快。

3. 左撤步防守——左鞭腿反击

对方运用右小鞭腿技术攻击我方大腿，我方准确判断对方意图，左腿向后撤步躲闪，而后迅速以左鞭腿反击对方头部。攻防转换动作要迅速。

（三）拳加腿的防守反击

1. 前腿提膝——后直拳——前小鞭腿

从预备姿势开始，对方用前低鞭腿攻击我方前小腿，我方提膝防守后，用后手直拳进攻对方头部，然后用小鞭腿攻击对方小腿部。提膝防守判断要准，反击的组合技术要连贯有力。

2. 前手下拍压——后直拳——后正蹬腿

从预备姿势开始，对方用侧踹腿进攻我方胸部，我方用前手臂向下拍压防守，随后用后直拳攻其面部，用正蹬腿攻其胸部。拍压要有力，直拳与正踹要连贯。

（四）拳、腿、摔组合的防守反击

1. 拍击——下潜——抱腿摔

从预备姿势开始，对方以左右直拳向我方进攻，我方用右手拍击防守对方直拳，随即下潜防守对方右拳，同时抱对方腿部，将其摔倒。应准确进行判断，下潜与抱腿要同时完成。

2. 搂腿——右直拳——勾踢摔

在实战过程中，对方运用右鞭腿攻击我方大腿或躯干，我方在准确判断对方动作意图的前提下上步搂腿防守，同时以右直拳猛击对方面部，接着再以左勾踢将对方摔倒。直拳力量要大，破坏对方的身体平衡。

（五）反反击

反反击是散打技术中的一种关键技术，是现代散打运动员必须具备的一种重要技能，它是在积极主动地进攻对方的过程中，能够根据对方的反击动作，再伺机反攻对方的一种打法，体现出了第一击和最后一击的攻击技巧，以攻取最佳得分效果。提高反反击能力对运动员提高技术水平有着至关重要的作用。

以下便列举两种常见的反反击技术加以说明。

1. 左直拳（对方拍击防并右直拳反去）——下潜——抱腿摔

从预备姿势开始，出左直拳进攻对方头部，对手左手拍击防守后用右直拳反击我方头部，我方则迅速下潜躲闪防守，用抱腿摔技术再反击对方。

2. 左正蹬（对方后退闪并左侧踹）——外挂防——右直拳

从预备姿势开始，我方以左正蹬腿进攻对方胸腹部，对方采用后退躲闪后，随即起左侧踹腿反击我方胸部，我方则采用外挂防住对方侧踹腿后，再以右直拳反击对方头面部。

二、防守反击技术训练

第一，教练员对相应的动作进行准确讲解，在此基础上指定一名运动员持手靶或脚靶，另一名运动员进行进攻强化训练。

第二，双方戴手套和护具的前提下进行轻接触的反应训练。

第三，在开放的条件下进行实战训练。

第四章 武术套路的技法分析

第一节 长拳、太极拳与南拳

一、长拳

(一) 概述

长拳是现代竞技武术运动中的主要拳种之一，是中华人民共和国成立之后，国家体委在汲取广泛流传的查、华、炮、红、少林等传统拳种的基础上发展起来的新拳种。长拳是一种姿势舒展、动作灵活、快速有力、节奏鲜明，并结合蹿蹦跳跃、闪展腾挪、起伏转折、跌仆翻滚等动作与技术的拳术。长拳的动作幅度舒展，关节活动范围较大，对肌肉和韧带的柔韧性、弹性等都有较高的要求。

"长拳"一词最早记载于明朝戚继光《纪效新书·拳经捷要篇》中的"古今拳家，宋太祖有三十二势长拳"。以长拳命名的主要武术套路有长拳三十二式、太极长拳等，这些长拳与今日长拳技术的内容、风格、特点迥然不同。现代长拳套路，还包括长拳类器械，如刀、枪、剑、棍套路。长拳类套路既适合武术的基础训练，又适合竞赛，是我国重点推广普及的武术项目之一。

长拳的内容包括基本功、基本动作和组合动作、单练套路、对练套路。单练套路又分为规定套路和自选套路。

1. 规定套路

规定套路是由国家体育总局统一编制的套路，各级套路均有拳术套路、刀术套路、枪术套路、剑术套路、棍术套路，每个套路都由不同难度和数量的规定动作组成，具有严格的统一规范和标准。

2. 自选套路

自选套路是指练习者根据竞赛的需要，依据自我身体素质和技术风格创编的武术套路。武术竞赛规则对自选套路的规定动作数量、组别、规格、路线及完成整套动作的时间等均有统一要求和严格规定。其中，自选长拳套路至少要包括三种手型，五种主要步型，一定数量的拳法、掌法、肘法，以及不同组别的腿法、跳跃、平衡等动作。

（二）主要技法特点

随着武术套路运动的蓬勃发展，对自选套路的规格性和艺术性要求更高，促使其向"高、难、美、新"的方向发展。

长拳的传统技法包含"八法"，即手、眼、身、步、精神、气、力、功，也即手法、眼法、身法、步法、精神、气息、劲力、功夫八个方面。其各个技法的要求：拳如流星眼似电，腰如蛇行步赛粘，精（神）要充沛气宜沉，力要顺达功要纯。

1. 手要快捷

长拳的手法要求"拳如流星"，快速、有力、敏捷。不仅拳法和掌法如此，肩臂的动作也如此。即使是一个抖腕、刁手的小动作，也要做得干净利落，没有拖泥带水的感觉。

在长拳套路运动中，上肢运动要达到"拳如流星"的要求，就必须松肩活肘，使肩、肘、腕等关节节节贯穿，灵活顺畅，若肩肘僵硬，就会使手法呆板，从而使手法的速度所产生的力量减小；也不能使整个长拳套路都处于飞快、杂乱无章的状态，应做到快慢相间，动静有致，"静如处子，动如脱兔"。

不动则已，一动就要非常迅速。"拳如流星"的要求，只是指活动的动作，而不是指所有的动作。要求整个拳路快而有章，动则快如闪电，静则稳如磐石，在运动过程中有动有静，要突出长拳动静结合、快慢相间的特点。

2. 眼要明锐

长拳的眼法要求"眼似电"，要明快、锐利。眼法在长拳运动中不是单独活动的，它必须"眼随手动""目随势注"。手法要像流星般地迅快、敏捷、有力，眼睛的注视、随视等要相应地像"闪电"般明快锐利。这种手到眼到的眼法变化，不仅与手法有着密切的关系，也和颈部的活动有关。随着眼法的左顾右盼、上看下视，颈部的灵活及快速转头的配合，也是非常必要的。同时，更重要的是眼法还涉及动作意向的问题。一般来说，长拳的动作都具有较强的攻防意识，这种意识不仅表现在动作上，还体现在眼神的变化中，即使是静止时的状态，也要含有伺机待发的意识，给人一种虽静犹动之感，正所谓"势断劲不断，劲断意相连"。因此，眼法应做到眼随手动、目随势注、明锐似电。

3. 身要灵活

长拳的身法要求"腰如蛇行"，要柔软、灵活、自如。身法在长拳套路运动中表现为闪、转、展、缩、折、弯、俯、仰等不同变化，这些身法的变化主宰于腰，俗话讲"腰为中轴"。身法主要是通过胸、背、腰、腹、臀五个部位来体现的。在运动时要求灵活多变，在由运动转入静止时要求挺胸、直背、塌腰、收腹、敛臀。运动中则要求"体随势变"，身法灵活。根据不同的动作采取不同的身法与手、眼、步、腿诸法协调配合，才能达到"腰如蛇行"。

4. 步要稳固

长拳的步法要求"步赛粘"，要灵活、稳固。"先看一步走，再看一伸手""打拳容易，走步难""步不稳则拳乱，步不快则拳慢"，生动形象地说明了步法在长拳套路运动中的重要作用。要求各种步法在运动时既要轻快，又要像胶粘在地上一样稳固，不掀脚，不拔跟；它不能受上肢、躯干活动的影响，反过来还要结合上肢、躯干的活动提供必要的稳固条件。只有做到步法稳固、灵活、轻快，才能达到步快催动拳速，步到拳到，上下协调一致。

5．精要充沛

长拳的精神要求"精要充沛"，要充沛、饱满、贯注。充沛如江河怒潮，饱满如雷霆震怒，贯注如鹰视猎物。这种"怒"绝不是直眉横目、龇牙咧嘴的凶狠，而是具备战斗意识，把自己摆进一种充满战斗的场合里。这种"怒"不仅表现在脸面上，更应表现在拳势上，将气吞山河的精神和勇武的意识贯注于运动之中，犹如擒龙打虎之势，惊天地，泣鬼神。

6．气要下沉

长拳的气息要求"气宜沉"，要气沉丹田。长拳运动，一般都是结构复杂、动作快速、运动量大，这一特点决定了长拳运动对氧含量要求高。如果不善于运用呼吸方法，就容易使气血上涌，气往上浮则内部空虚，空虚则气促，气促则吸入的氧气不足，氧不足则呼吸力短，力短则运动不能长久。同时，动作紊乱，运动的平衡性也必然会遭到破坏。所以，在长拳运动中，要注意运用腹式呼吸法，掌握好"蓄气"。这样才能使运动持久。在长拳套路运动中，主要的呼吸方法有"提、托、聚、沉"，在运动中最常用的是"气沉丹田"的腹式呼吸，在运动中呼吸方法的选择要随着动作的变化而相应地变化。但是，必须始终遵循"气宜沉"的基本要求。

7．力要顺达

长拳的劲力要求"力要顺达"。长拳套路运动中发力若不顺，则会使动作僵硬、呆板，破坏动作结构和套路节奏。因此，要做到用力顺达，需首先明

"三节"、懂"六合"。三节，以上肢来说手是梢节，肘是中节，肩是根节；以下肢来说，脚是梢节，膝是中节，胯是根节。六合，是指手、肘、肩、脚、膝、胯六个部位的协调配合。比如弹踢腿，它必须是"起于根，顺于中，达于梢"，三节贯通，才能使力顺而不僵硬。所以，长拳运动中一定要掌握"三节"，掌握用力顺序，劲力才能顺达。

8．功要纯青

长拳的"功"法要求"功要纯"，这里的"功"，是指长拳的技术及运用的技能与技巧。"功夫不到总是迷，一层不到一层迷"，功夫是练出来的，要想达到炉火纯青的地步，就要在技术规范化的前提下，不断坚持练习，才能使体能和技能不断提高，技艺不断升华，功夫与日俱增，从而达到理想的境界。

9．四击合法

"四击"是指武术中踢、打、摔、拿四种技击法则，四击合法是指长拳中的动作方法要符合这四种技击法则。这四种技击法又各有其具体内容：踢法有蹬、踹、弹、点、摆、扫等；打法有冲、撞、挤、靠、崩、砸、挑、拦等；摔法有踢、别、拱、切、掏、刀、勾等；拿法有刁、拿、锁、扣、封、错、截等。这些技术内容都有着严格的要求，一招一式都要严格遵循四击法则。若偏离这些技击法则，就不能真实地再现不同动作的攻防意义，也就失去了长拳技击动作的攻防意识与价值。

10．以形喻势

长拳在运动时有"十二型"之说，即动如涛、静如岳、起如猿、落如鹊、立如鸡、站如松、转如轮、折如弓、轻如叶、重如铁、缓如鹰、快如风。生动展现了长拳运动中的动、静、起、落、立、站、转、折、轻、重、缓、快十二种态势。

动如涛：运动之势。在武术演练中的气势要像江海的波涛一样激荡不已，滔滔不绝，富有节奏感。

静如岳：静止之势。当静止的时候要像高山那样巍峨耸立、稳如磐石。

起如猿：跳起之势。腾空纵跳时要如猿猴般轻灵、敏捷、矫健。

落如鹊：降落之势。从高向下落的动作要像喜鹊登枝般轻稳、飘逸。

立如鸡：单腿独立之势。在套路演练中，由运动转静止动作时，要像雄鸡一腿支撑身体时那样稳健。

站如松：两脚站立之势。要像苍松那样挺拔、刚健、富有生气，静中蕴动。

转如轮：旋转之势。凡是抡绕的动作要像车轮绕着车轴转动一样，既要有轴心的依托，又要有飞轮之势，达到圆的要求。

折如弓：折叠之势。当躯体俯仰折叠扭转时，要像弓那样富有弹力，或像弹簧那样内含旋转力和弹力。

轻如叶：轻飘之势。凡是轻盈的动作要像树叶一样轻飘，落地毫无声息。

重如铁：沉重之势。当重之时，要像钢铁砸地般沉重，富有渗透力。

缓如鹰：缓慢之势。要像雄鹰在空中盘旋那样全神贯注，毫不懈怠。

快如风：快速之势。当动之时，如疾风扫落叶，迅雷不及掩耳。但忌"快而乱、快而毛"。

二、太极拳

（一）概述

太极拳是武术主要拳种之一，它以中国古代的太极、阴阳学说为理论基础，顺乎人体的自然规律，强调养练结合，完整形成于清代。形成过程中，曾称为"长拳""绵拳"等。"太极"一词源于《周易·系辞》："易有太极，是生两仪"，含有至高、至极、无穷之意。太极拳的取义是因为太极拳拳法变幻无穷，含义丰富，用中国古代的"太极""阴阳"这一哲学理论来解释和说明。

太极拳主要有陈式、杨式、吴式、孙式、武式等。中华人民共和国成立后，又编写了简化太极拳、四十八式太极拳、八十八式太极拳及各类太极拳竞赛套路等，广为流传。较为典型的太极拳器械为太极剑、太极刀、太极大枪、太极七星杆等。近代以来，太极拳的国际化推广迅速发展，各类大型的国际性武术比赛中均设有太极拳项目。

1. 陈式太极拳

陈式太极拳为温县陈氏世传太极拳原式，其特点是刚柔相济、快慢相间，又称大架式。著名传人有：十四世陈长兴（1771－1853 年）、十五世陈清萍、十六世陈延熙。陈式又有老架、新架两派。新架由老架衍化，更加紧凑，出自温县赵堡镇陈氏后代，又称赵堡派。

2. 杨式太极拳

杨露禅（1799—1872 年）从陈长兴处学拳，得老架之传而创杨式。传至其孙杨澄甫（1883—1936 年）而定型。其特点是拳式开展、舒展大方、动作柔和，也属大架式，流传极广。著名传人有：杨露禅之子杨班侯（1837—1892 年）、杨健侯（1839—1917 年），杨健侯之子杨少侯（1862—1930 年）、杨澄甫。杨澄甫先生曾任南京中央国术馆、浙江省国术馆教务长，著有《太极拳体用全书》。其弟子河北李雅轩（1894—1976 年）对太极拳的推广（特别是在全国的推广）作出了贡献。现在广泛流行的简化太极拳，以及八十八式太极拳，就是国家体委根据杨式太极拳整理编成的。

杨式太极拳的特点是：架式舒展简洁，结构严谨，身法中正，不偏不倚，动作和顺，刚柔内含，轻灵沉着，兼而有之。练法上，由松入柔，积柔成刚，刚柔相济。

3. 吴式太极拳

满族人吴全佑从杨露禅、杨班侯父子学拳，传其子吴鉴泉（1870—1942

年）而创吴式，在杨式太极拳的基础上，在慢架中，去掉重复和跳跃动作，经过修润和充实，使拳架更加柔和规矩，功架紧凑、安静自然、招式严密、细腻绵柔，符合太极阴阳理论的特有风格，从而自成流派一直流传至今。此外，吴式太极拳还保留有较多的传统器械项目，如太极剑、太极对剑、太极刀、太极十三枪（大枪）、太极扎四枪和太极粘杆等。吴式太极拳深受广大太极拳爱好者的喜爱，成为普及程度较高的太极拳套路之一。其特点是架式紧凑，长于柔化，又称中架式太极拳。

4. 武式太极拳

武式太极拳由武禹襄（1812—1880 年）创立。武师承陈氏十五世陈清萍，学得新架太极拳，并加以创新。其特点是紧凑轻捷，尤以武氏太极推手著称于世，又称小架式。武氏太极推手，着重于身法、步法，其技击之听、引、化、拿之劲法，又以多变而实用著称。

5. 孙氏太极拳

创始人孙禄堂（1860—1933 年），形意、八封名家，师从武禹襄的再传弟子郝为真学艺而创孙式。其特点是小巧紧凑，步活身灵，也属小架式。由于阴阳开合之说，故又称开合太极拳。

（二）主要技法特点

太极拳虽有"不在形式，在气势；不在外面，在内中"和"重意不重形"的说法，但对初学者来说，还是应该先重形、后重意，先求姿势正确，并在连贯复杂的动作中处处保持正确的姿势，打好基础，才有利于技术的逐步提高。这里只概括地说明其技术要求，以便使初学者有一个全面的概念。

1. 虚领顶劲

虚领顶劲即"头顶悬"。练拳时，头要正直，不低头，不仰面，不左右歪斜，转动时要自然平正，要防止摇头晃脑。头要正直，要求头顶的百会穴要始终有轻轻往上顶起之意，百会穴与会阴穴要保持垂直的姿势，即所谓"上下一条线"。顶劲不可太过，也不可不及，要虚虚领起，若有若无，不可硬往上顶。要使头正、顶平，还必须使颈项端正竖直，下颌里收。只有做到虚领顶劲，精神才提得起来，动作才能沉稳、扎实。

2. 气沉丹田

气沉丹田，是身法端正，宽胸实腹，意注丹田，意识引导呼吸，将气徐徐送到肚脐下。不许使力硬压小腹，要求"以意行气"，达到太极拳"身动、心静、气敛、神舒"的境地。太极拳的腹式呼吸有助于膈肌的升降活动，使肺部和腹部有规律地收缩和舒张，这样能使"气沉丹田"有升有降，不致形成始终"气沉丹田"无降无升的片面性。丹田以上之气，用意下沉；丹田以下之气，用圆裆提肛之法，使之上提于丹田，这样上下皆轻灵，而重点全于丹田，即沉实，称为"气沉丹田"。

另外，太极拳的呼吸要适应拳势的要求，应根据动作的开合、屈伸、起落、进退、虚实等变化，自然地配合，一个动作里往往就伴随一呼一吸，而不是一个动作固定为一吸或是一呼。这样与动作自然配合的方法运用得当，可使动作更加协调、圆活、轻灵、沉稳。

3. 含胸拔背

含胸拔背，即锁骨保持平稳而微下沉。胸肌放松，胸廓微向内含，使胸部有松快的感觉，称为"含胸"；背肌放松，两肩胛骨外展，同时下沉，脊柱要在背肌牵引下节节松沉直竖。两肩中间颈下第三脊骨微有鼓起上提之意，使这部分皮肤有绷紧的感觉，称为"拔背"。

4. 松腰敛臀

练习太极拳，腰脊尤其重要。拳论中说"腰如车轴，气如车轮，用力在腕，机关在腰""腰脊为第一主宰""十三总势莫轻视，命意源头在腰隙""刻刻留心在腰间，腹内松净气腾然"，这都是说腰脊在练习太极拳过程中起着主宰作用。

腰是上下体转动的中轴，对全身动作的变化、调整重心的稳定及使劲力到达肢体各部分，都起着决定作用。太极拳对腰部的要求是：松、沉、直。"松而沉"是为了使"气沉丹田"能够沉得充分，使上体气不上浮，下肢稳定有力，更主要的是它对动作的进退旋转、用躯干带动四肢及动作的完整性起到主导作用。腰部在松沉的前提下，还需"正直"。在松沉中，有向上顶和拔长之意就能直，腰直就表明在动作的转动时，中轴不弯，不摇晃，只有中轴不弯、不摇，才能使内劲达到支撑面的灵活功用，而不致偏向一面。偏于前后为俯仰病，偏于左右为歪斜病。

腰部的松、沉、直，是使脊柱有正常的弯曲，减少前弓形的弯曲度，能够增加脊柱的弹性以缓冲震动，起到护脑作用。

5. 圆裆松胯，尾闾中正

裆即会阴部位，头顶百会穴的"虚领顶劲"要与会阴上下相呼应，这是保持身法端正"上下一条线"的锻炼方法。裆要圆，就必须注意两胯撑开，两膝微向里扣，两腿内侧有夹住一圆球之意。另外，会阴处虚上提，裆自会实，加上腰的松沉，臀的收敛，自然产生裆劲。松胯可使耻骨联合和坐骨结节上的关节间缝扩大，运动幅度加大，腿部的弧形运动更加灵活，使内劲上升到腰脊。拳论中说的"开裆贵圆，使来脉虚灵"就是这个意思。

尾闾中正是尾骨骨节要始终对准胸腹部正中线，意似托起丹田，腹部正中线欲向何处，尾骨骨节即直对何处，对动向起到掌握方向的作用，使动作在任何角度上都保持"身正"，可以说尾骨骨节是动作姿势"中正安舒""支撑八面"的准星，其对下盘动作的稳固也起着重要的作用。

6. 沉肩坠肘，舒指坐腕

练太极拳时，不论以身领手或以手领身，都是顺势转圈的，因此要求手臂在伸缩转圈时要松柔圆活。手臂能否松柔圆活，关键在于肩关节能不能松开。通过练习达到自然松活的要求后，还需进一步锻炼肩的"沉劲"；同时，肘关节也需微屈并具有下垂劲，两者合一，即为"沉肩坠肘"。它有助于"含胸拔背"的自然形成，如果耸肩抬肘，就会破坏"含胸拔背"的姿势，不利于"气沉丹田"。

"沉肩坠肘"时要注意腋下留有一掌距离，手臂有回旋的余地。另外，久练之后，两臂除沉之外，还要有微向前合抱的意思，两肘要有微向里的裹劲，使劲力贯穿到上肢手臂，从而加大手臂在伸缩、升降、缠绕中的力量。

舒指坐腕，实际上是将周身劲力通过其根在脚，发于腿，主宰于腰，形于手指，而完整体现出来，做到"完整一气""周身一家"。练拳时五指要自然伸直，不可用力并紧或用力张开。拇指与食指不能并在一起，须分开撑圆，即"虎口"要圆。在手臂的伸缩、升降、缠绕过程中，腕部应柔活、有韧性地运转。腕部的沉着下塌，可使手臂徐徐贯注内劲。

三、南拳

（一）概述

南拳是中国武术主要流派之一，泛指流传于我国长江流域及南方各地的诸多拳种，主要盛行于我国南方地区。它流传的地域主要包括广东、广西、福建、湖南、湖北、四川、江西、江苏、浙江等，是目前国内外武术比赛的重点项目之一。

据史料记载，"南拳"一词作为武术词语使用，最早出现于明代隆庆二年（1568 年），距今已有四百多年的历史。关于南拳的起源，流传着一个故事，说是福建有一座少林寺，为嵩山少林的分支，人称"南少林寺"，寺中僧人世代习武。康熙年间，西鲁国来犯，无人可敌，南少林寺僧人请缨出征，大破西鲁国，班师凯旋。不久，有奸人进谗，清廷派兵围剿南少林寺，将该寺焚毁，寺中仅有五僧幸免于难。这五位僧人四处寻访英雄豪杰，创立了洪门，立誓"反清复明"。福建、广东、湖北一带的南拳都由这五位僧人传出，因此尊他们为南拳"五祖"。

南拳在我国源远流长。据《小知录》记载：在明代有"使拳之家十一""使枪之家十七"，其拳有"赵家拳""南拳""勾挂拳""披挂拳"……由于历史的发展，加之各地人们的传习关系，南拳形成各具特色的流派。

1. 广东南拳

广东南拳极为盛行，有洪家拳、刘家拳、蔡家拳、李家拳、莫家拳五大流派。还有蔡李佛拳、虎鹤双形拳、佛家拳、侠家拳、刁家教、岳家教、朱家教等。据调查，广东的各种南拳和器械套路就有 300 多种。

2. 福建南拳

福建南拳遍及全省各地，主要盛行于福州、厦门、泉州、莆田、漳州，以及永春、连城等市（县）。福州有龙、虎、豹、蛇、鹤五形拳，以及猴拳、犬法、鸡法、鱼法、南少林拳、梅花拳、罗汉拳等流派。其他地区还流传有五祖拳（又名五祖鹤阳拳）、连城拳、白鹤拳、五兽拳、南拳四门、虎仔金刚拳、梅花拳、金竹拳等。福建的南拳也分内家拳和外家拳，其来源主要是官方和少林寺。

3. 四川南拳

四川南拳也有着悠久的历史。现在四川的派系主要有僧、岳、赵、杜、洪、化、字、会八大流派。僧门拳主要流行于川西、川南一带。岳门拳主要流行于川东、川南等地。赵门拳在川南、泸、纳、宜、南溪等地流行。杜门掌盛行于川北、南充地区。洪门拳在四川流行甚广。化门拳多流行于川东、川北地区。字门拳主要流行于广安、岳池一带，尤以唐家河盛行。会门拳现在练习的人已经不多了。

4. 湖南南拳、湖北南拳

湖南南拳有巫、洪、薛、岳四大流派。湖北南拳分为洪、鱼、孔、风、水、火、字、熊八门。

5. 江西南拳、浙江南拳、江苏南拳

江西南拳有字、硬两门。浙江南拳有洪家、黑虎、金刚三大拳系。另外，还有温州南拳、台州南拳。江苏南拳有阳湖拳、船拳等。

中华人民共和国成立以来，于 20 世纪 60 年代将南拳列为全国武术竞赛项目。南拳发展至今，无论是套路编排的科学性，风格特点的一致性，还是整体的运动技术水平，都有了较大的发展。

（二）主要技法特点

1. 稳马硬桥，长桥大马，短桥小马

稳马硬桥，这里的"马"即马桩步或是马步。练站马步桩，南拳俗称扎刀。南拳要求桩步稳健，落地似生根，以保证上肢拳法运用的稳固质量。在众多上肢拳法中，南拳更讲究其独特技法——桥法（桥手）的功夫。南拳的"桥"，是指人体上肢前臂的运行，称为"桥手"。"桥法"则是运用前臂进行攻防的技法。硬朗的桥及桥法能使南拳的独到特点发挥得淋漓尽致。在实践中南拳提倡"长桥大马，短桥小马"。长桥大马，动作舒展，手臂挥舞幅度大，进退快，发力强，擅发长劲，用于以长攻短、以快打慢；短桥小马，动作紧凑，含蓄发劲，进退灵活，发力快，擅发短劲，用于以短逼长、以闪为进、以活为主、以速制慢。

2. 手法独特丰富

南拳的上肢手法较其他拳种丰富，包括拳法、掌法、勾手，还有爪法、指法、肘法和桥法。其中，爪法、指法和桥法是区别于其他拳种的重要特征之一。爪法中有黑爪、鹰爪、龙爪等；指法中有单指和双指之分；桥法有沉桥、截桥、劈桥、架桥、剪桥、穿桥、滚桥等。南拳练习通常在步型不变的情况下连续完成若干次上肢动作，故有"一势多手，一步几变手"的说法。

3. 气沉丹田，力从腰发

南拳极为讲究气沉丹田，强调沉气实腹，使腹肌加以紧缩。沉气实腹，促使臀部必须收敛。它与脱肩团胛、直项圆胸以及五趾抓地，乃是一个整体，能够做到上下完整一体，周身劲力凝结到一处。俗话说："手从胸口发，力从腰马生。"南拳极为重视腰的作用，它的发力都以腰力来发劲。南拳的发劲，既强调腰部力量的刚柔并济，也强调腰与腿、背、肩以及全身的协调一致，贯穿顺达，以做到力"发于腿，宰于腰，形于手"。

4. 脱肩团胛，直项圆胸

南拳的身法讲究脱肩团胛。脱肩，是指两肩有意识地向下沉坠；团胛，是使肩胛骨向前微合，形成团状。脱肩下沉，能助于臂、肘的劲力；团胛前合，使背部收紧，有助于发劲前的含蓄。南拳的身法还讲究直项圆胸。直项是指下颌里收，使颈部伸直。圆胸，是指胸要微含，稍呈圆形。颈直有助于胸、背、肩、肘的劲力合一，圆胸则有助于沉气实腹。

5. "五合""三催"

"五合"，即手与眼合，眼与心合，肩与腰合，身与步合，上与下合。"三催"，即步催、身催、手催。只要开步出拳，要求身随步转，拳随腰发，收腹

蓄劲，先蓄后发。要求手法灵活，步法沉稳生根，

"手法快时马步生，马不凌乱自有章"，手法与步法必须上下相随、协调一致。在运动时要求"手到、眼到、身到、步到"，目随手动，传神于目，示意于手。要求手眼身法步、精神气力功配合协调，这样，南拳运动才能浑然一体，一气呵成。

6. 快慢相间，发声呼喝

南拳发劲有长劲、短劲、飘打劲、连绵劲与撞抖劲等劲力之分。强调演练时运气鼓劲，长短结合、快慢相间。像短劲和撞抖劲，要求发力短、劲力快，富有爆发感；而发连绵劲时则要求体刚劲粗，缓慢持久。南拳讲究发声呼喝，一般的喝声有"喝""嘻""哗""嘡""呷"等，或是模仿一些动物的发声。随着拳势变化的不同，运用不同的呼喝声，其目的一是壮威势，二是助形象，三是以气催力助劲力。

第二节　少林拳、八卦拳与形意拳

一、少林拳

(一) 概述

少林寺距离我国河南省登封市西北约 13 千米，相传是公元 495 年北魏孝文帝为来中国传教的印度僧人跋陀所建造。由于寺建立在嵩山支脉少室山阴的密林丛中，故名嵩山少林寺。少林拳因寺而得名，故名少林拳。现在统称的少林拳是少林拳术和器械的总称。

关于少林武术的产生，世人有许多说法，但真正有据可信者应从隋唐讲起。隋末唐初，群雄逐鹿。武德三年（620 年），李渊、李世民父子为争霸天

下，与盘踞在洛阳的王世充交战，在战斗的紧要关头，以昙宗为首的少林寺僧，活捉了王世充的侄子王仁则并将其捆绑送至唐营，立下大功。李世民登基之后，"嘉其义烈，颁降玺书宣慰"（少林寺碑），对立功和尚各有赏赐，其中昙宗被封为大将军。这次战斗让少林武僧一战成名，少林寺发展很快，名声日隆。贞观以后，少林寺僧"昼习经曲，夜练武略，修文不忘武备"（西来堂志善碑），揭开了少林武术光辉灿烂的一页，修佛习武也成为少林寺世代相传的独特宗风。

北宋年间，福居和尚做少林住持时，曾邀请全国武术名流云集少林寺，虚心与各派切磋技艺。北宋末年，金兵南侵，少林寺武僧宗印受命率"尊胜队"和"净胜队"两军，进发潼关，与金兵对垒，报效国家。

元朝崇尚释教，尤尊番僧，少林寺与皇家关系也十分密切，元世祖命福裕大和尚主持少林寺，并统领嵩岳一带所有寺院。此时的少林寺，众常两千。寺僧习武队中，如智庵、智聚、子安、党训等，都是当时身怀绝技的名僧。

明代，少林武术蓬勃发展，誉满天下。少林棍在少林武术中占有重要地位，少林武僧所使用的兵器以棍最为闻名。《武备志》作者茅元仪对少林棍给予了很高的评价。他认为"诸艺宗于棍，棍宗于少林"。特别是在抗倭卫国的战争中，以棍为杀敌武器的"本寺武僧屡经调遣，奋勇杀敌"（少林寺万历二十三年七月碑）。少林僧兵"俱持铁棍长七尺，重三十斤，运转便捷如竹杖，骁勇雄杰，官兵每临阵，辄用为前锋……抡棍破敌，与者即仆，顷刻毙数倭"（《上海掌故丛书·吴淞甲乙倭变志》）。少林武僧为国为民的英烈壮举谱写了一首首动人的、可歌可泣的雄壮诗篇。

清代，少林寺习武之风极盛。今之少林寺千佛殿（又名毗卢阁）内，青砖地面上尚存当时寺僧练功形成的 48 个凹陷脚窝，就是少林寺武僧长期从事武功训练的有力佐证。

中华人民共和国成立后，少林寺和少林武术又获得了新生。党和政府不但拨专款修复少林寺，而且对少林武术的发展也十分重视。特别是 1982 年，香港中原影业公司功夫片《少林寺》的公映，使少林武术兴旺空前。

少林拳是中华武术中的一大派系，其内容丰富多彩。目前社会上广为流传的典型拳路就有大洪拳、小洪拳、炮拳、罗汉拳、朝阳拳、梅花拳、通背拳、长拳、关东拳、长护心意门、七星拳、象形拳、心意拳、柔拳、少林太极拳，以及各种器械、对练等。另外，还有与养生功、医学、气功等有关的内容，都是十分宝贵的民族传统文化。

（二）主要技法特点

少林拳朴实无华，立足实战，其运动特点也具有鲜明的技击性。

1. 拳打一条线，拳打卧牛之地

少林拳套路繁多，结构紧凑，短小精悍。演练时，起落进退多在一条线上运动。众多少林拳家认为，从实战角度出发，真正交手相搏无非几步之距，直线运动最为有效，方寸之间便有胜败之分。这充分体现了少林拳不受场地大小限制、随时随地均可施展解数和发挥威力的特征。

2. 动作迅猛，快速有力

少林拳要求刚健有力、迅速激烈，即所谓"起手连珠炮，拳打一气连""使势千着，以快为先"。在套路演练过程中，要求几个或十几个动作连贯快速，一气呵成。少林拳虽以刚为主，但同时也要求刚柔相济。"刚在他力前，柔在他力后"；动如风，站如钉，重如山，轻如毛；守之如处女，犯之若猛虎；静则以逸待劳，动则使其无喘息之机；等等。

3. 曲而不曲，直而不直，滚出滚入，富有弹性

就手法而言，少林拳要求两臂保持一定曲度，冲拳推掌，须蹬腿转腰、抖肩发力。"身以滚而动，手以滚而出"，反对僵直拙力。在完成动作的一瞬间，

依手臂的自然反弹力，使手臂形成曲非曲、直非直的态势，为便利继续攻防创造条件。滚出滚入，更是攻防技术的科学反映，旋动可增强攻击力，滚动也有利于在防守中对来击者力量的化解。

4. 眼法以目注目

少林拳对眼的要求是必须头随势转，手到眼到，以目注目，以审敌势。演练少林拳，眼要明亮有神，眼明方能手快。"虎视眈眈，气息沉沉，目光炯炯，含有神威"，显示咄咄逼人之势。对阵交手，不是注意对方的手和身躯，而是观察对方的眼神，以目注目，算计对方。

5. 进低退高，起横落顺

少林拳要求进攻时力求重心稳固，身正发力，以加强进攻力度。防守动作则要求动作灵活，灵敏快速。凡退凡落多要求侧身对敌，以减少受击面，便于防守与进攻。

6. 注重内外三合的协调配合，以气催力

内外合一、形神兼备是少林拳整体动作的特点。每个招式都必须做到手到、眼到、身到、步到，周身各部位密切配合，协调一致。由于少林拳动作整身紧凑，不宜大开大合，所以对身体也有相应的具体要求，"肩与胯合，肘与膝合，手与足合"，即所谓外三合。少林拳把思想比作心，"心动勇气生""心一颤，四梢皆至，内劲即出""心动必形随"，"心与意合，意与气合，气与力合"，即所谓内三合。少林拳谱中称："法是拳，力是气，练气行功，送去必用呼，接来必用吸，运气贵乎缓，用气贵于急，气在先行，力在后随。"实际上是讲技击格斗和套路演练中意识与行动的高度统一。

7. 以声助威

少林拳的演练过程中还有一个发声特点，就是以声助威。通常演练者除了在套路结尾时随最后的动作发声"喊"外，演练过程中也常有"呀""呜""哈"等不同发声。这些发声源自腹腔，短促有力，吼声如雷，富有震撼感。

二、八卦掌

（一）概述

八卦掌是我国流传很广的拳种之一，"八卦"最早见于《易经》："两仪生四象，四象生八卦。"八卦掌是以八卦学说为理论依据，以掌法变换和行步走转为主的拳术，由于它运动时纵横交错，分为四正、四隅八个方位，与"周易"八卦图中的卦象相似，故名八卦掌。

八卦掌的起源众说纷纭，一种说法认为，八卦掌起源于"离卦"和"坎卦"。据兰簃外史《靖逆记》记载："嘉庆丁巳，有山东济宁人王祥教冯克善拳法，克善尽得其术。庚午春，牛亮臣见克善拳法中有八方步，亮臣曰：'尔步伐似合八卦。'克善曰：'子何以知之?'亮臣曰：'我所习坎卦。'克善曰：'我为离卦。'亮臣曰：'尔为离，我为坎，我二人离坎交宫，各习其所习也。'"有人认为他们所习拳法是八卦掌的雏形。但是，有关学者对此进行了研究，发现其中记载的牛亮臣和冯克善所习"离卦"和"坎卦"属于梅花拳的范畴。因此，八卦掌来源于"离卦"和"坎卦"之说不可信。

目前较为公认的说法为：八卦掌是由清代河北文安县南朱家务人董海川所创。董海川把自身掌握的各种拳术与南方道士演练的"转天尊"（转天尊为左右交替的走圈）的走圈相结合，创编成八卦掌的雏形——转掌。董海川曾在清朝肃王府当拳师，故八卦掌首先在北京一带流传开来。其中，董海川所授徒中以尹福、程廷华、刘风春、马维琪等较著名，目前流行的八卦掌有以他们的姓氏命名的，如尹派、程派、马派、梁派、孙派等八卦掌。在众多的技术流派中，流传较广的是尹派、程派。

1. 尹派八卦掌

特点：牛舌掌，小步走圈，趋于急行，出手时冷、脆、硬、快，身法以“吸、合、抽、扭、撇”的卸化为主，善用腿法。

2. 程派八卦掌

特点：龙爪掌，走圈时步幅大，换势讲究摆步、扣步，劲力沉实，多螺旋劲，斜出正入，腿法以点腿为主。

八卦掌练习起来有八个基本变换掌法。最早形成的套路是先天八卦掌，也称“老八掌”。传习中又出现了后天八卦掌，是从先天八卦掌衍化而来，即一掌生八势，八个转掌产生 64 种掌法。在一定程度上，后天八卦掌的出现大大丰富了八卦掌的套路和练习内容。除此之外，八卦掌在流传的过程中逐渐与各种武术器械相结合，繁衍出许多器械套路，如八卦刀、八卦棍、八卦剑、八卦七星杆、子午鸳鸯钺等，还有对练、散手，近百年来遍及全国，并传播到国外。

(二) 主要技法特点

1. 三行三势

练习八卦掌时讲究“三行三势”。所谓“三行”，即“行走如龙，动转若猴，换势似鹰”；所谓“三势”，即“行走若蹚泥，两臂似拧绳，走转如推磨”。八卦掌走步要求下盘稳固沉实，平起平落，起步时脚跟不后蹽，落地时脚跟和脚掌同时着地，要行步似蹚泥；八卦掌换掌时，要求平稳洒脱，回身转换敏捷如猴，腰身柔韧，收放自如，连绵不断有如游龙；拧身走转，形如推磨般平稳。八卦掌演练时，三盘又要身随步动，掌随身变，步随掌转，上下相随，形成一个整体。

2. 三空三扣

"三空"，即掌心空、脚心空、胸心空；"三扣"是两肩扣、手心脚心扣、牙齿扣。八卦出掌时要掌心内凹含空，掌背绷紧，掌跟有力；行步走转中脚趾抓地，脚心含空，利于下肢稳健沉实；紧背、裹肩、空胸，使胸部微含气下行。

"三扣"与"三空"有内在关联。两肩松沉且微内扣，有助于横向拔背，增加两肩、两膀间的合力，使胸部含空；手心脚心扣，则有助于掌心、脚心含空。肩扣胸空，内气到肘；手扣掌空，内气到手；脚扣底空，桩步力厚。扣齿则骨坚筋强。其主要目的在于使上下肢与身躯的肌群处在张力状态下，使八卦掌技法在轻灵之中含蓄有力，外若优柔而内实刚劲，飘而不浮，柔而有骨。

3. 三圆三顶

"三圆"，即脊背团圆，臀部敛圆，虎口张圆。两肩松沉并微扣，则脊背团圆胸自含，脊背绷紧，身躯含劲，其力催身，内力外送；塌腰坐膀，实腹敛臀，可防止提腹、撅臀，有助于上体节节松沉下坠，内气传承疏导；虎口圆撑，气贯指掌。其劲力主宰于腰，行于背，背催肩，肩催肘，肘催手，沉肩坠肘力到手。

"三顶"，即头顶天，舌顶颚，掌顶前。颈项竖直，下颌自然里收，头部正直，使百会穴有上顶之意，即所谓"顺项提顶"。口微闭，舌头轻顶上颚，生津液，通脉济，以鼻呼吸，气沉丹田。掌顶前，有推山之力，气贯周身，力达臂膀，掌力雄厚。

4. 四坠四敏

"四坠"，即肩坠腰、腰坠膀、膀坠膝、膝坠脚。八卦掌讲究两肩要有沉劲，腰部要有塌劲，膀部要有坐劲，膝部要有剪劲，脚下要有踩劲。两肩下沉，使肩部沉劲下坠到腰，与塌劲相衔接；腰向下塌，臀向下坐，敛臀提肛，腹部充实，使腰的塌劲下坠到胯，与坐劲向衔接；胯向下卸并向里裹，使胯的坐劲下坠到膝，与剪劲相衔接；膝的剪劲下坠到脚，与脚的踩劲相衔接。简言之，腰催胯，胯催膝，膝催足，身躯与四肢的周身劲力上下衔接贯通一气，达到劲力完整。

"四敏"，即眼敏、手敏、身敏、步敏。眼为先锋，有检察之明，所以目光须极为敏锐。掌是兵刃，有拨转之功，因而出手换势须掌法敏捷，眼明手快，手眼相随。身似弓弦，动似游龙，有转运之神，其翻转须活泼敏捷。脚似战马，有快速之力，走转中要敏捷迅速。但是步法的敏捷是在摆扣得法、屈腿蹚泥、夹裆摩胫的前提下进行的，不能离规矩、无原则地强调步法的敏捷迅速。

5. 十要三病

"十要"者，一要有意，二要有气，三要拧，四要塌，五要提，六要裹，七要垂，八要挪，九要松，十要顺。

意——用意识去引导动作，用心理活动去指导形体动作，把意识贯注到动作的攻防、劲力、意向中去。意也引导呼吸，做到以意领气，以气合力，即意、气、力的结合。

气——腹乃气根，气运周身。初学八卦掌时可采用自然呼吸，在具有一定的基础后再掌握腹式呼吸，气沉丹田。

拧——八卦掌技法术语讲"拧旋走转"，要求腰要拧，臀要拧，手要拧，颈要拧，使头、手、腰、臀拧转对圆心。

塌——腰和腕部要有向下塌的内含之劲。腰部下塌，则会撅臀、提腹。要塌舒指，力达掌心。

提——提肛敛臀，将尾闾向前微微提起，它与"舌顶颚"相结合，可疏经通络，气沉丹田，达到炼神导气之功效。

裹——肘臂用力向里裹，将两臂绷紧，它是与两臂的拧劲分不开的。拧裹力是八卦掌的主要劲力之一。

垂——肩垂、肘垂、气垂。肩垂则臂长而灵活，肘垂则肱自圆，能护两肋。气垂力生腰腹，所产生的沉力也是八卦掌的主要劲力之一。

掤——掤掌整力，它是身躯与四肢在"四坠"的基础上产生的。

松——周身关节放松。关节不放松，动作僵硬不活，其势不整，力不通达，手、眼、身、法、步不能协调配合，同时也不便静心调气。

顺——身顺首，脚顺膝，膝顺胯，胯顺腰，指顺手，手顺肘，肘顺肩，上下顺遂，动作协调。

"三病"者，指怒气、拙力、腆胸提腹。常见于初学者，由于不明八卦掌的特点或急于求成，而出现的三种毛病。怒气则憋气，致使气滞血瘀，胸满气胀，头晕恶心，眼花耳鸣，须注重吐故纳新，气沉小腹，呼吸以鼻，切忌用口，以细、深、匀、长为要。拙力，即僵化死板，动作滞涩，内心急躁，要掌握自然松畅，不可一味用力，以求顺达。腆胸提腹，身法不活，两足无根，轻如浮萍，且易逆气上行，须注重含胸拔背，实小腹，提谷道，合顺不逆。

三、形意拳

（一）概述

形意拳也叫"心意拳""心意六合拳""六合拳"。关于形意拳的得名，说法不一。有人认为此拳要求"心意诚于中，肢体形于外"，外形与内意高度统一，故名"形意拳"。也有人认为此拳取动物的特长，象形取意，取法为拳，所以称为"形意拳"。形意拳作为博大精深的中华武术内容之一，经过历代传人不断钻研、实践、总结、提高，逐渐形成较为完整的理论体系。其各派拳法虽各有千秋，拳理却渊源颇深。讲究以意领气，以气导力，意形二表，形意一体。通过对形与意的相互调节，内与外的相互作用来达到体用兼修的功效。形意拳以陶冶操守、强健体魄为宗旨，不仅有强身健体、修身养性之功效，而且具有实战的技击效果。

形意拳的运动特点是：朴实简练、动静分明，动作严紧、手脚合顺，身正步稳、快速整齐，劲力充实、稳固沉着。在技击原则上，形意拳主张后发先至、短打近用，快攻自取，抢占中门。拳谱说："视人如蒿草，打人如走路""练拳时无人似有人，交手时有人似无人"。在交手时，则要求"遇敌犹如火烧身，硬打硬进无遮拦""拳打三节不见形，如见形影不为能""起如风，落如箭，打倒还嫌慢"。形意拳要求在最短时间内结束战斗，"不招不架，只是一下"。拳谚中所说的"两肘不离肋，两手不离心""起如钢锉，落如钩杆""迈步如行犁，落地若生根""三尖相照""三节相随"等都形象地反映了形意拳的技术风格特点。形意拳动作简约、古朴、淳厚，富于攻击性，切于实战，顺应了武术发展的潮流，所以传播很快。此外，该拳系的历代传人较为保守，并致力于理论研究，是目前保存最完整的武术拳种。它与太极拳一样都以其潜在的文化优势而显示出旺盛的生命力。

（二）主要技法特点

形意拳以三体式为基本姿势，以劈、崩、钻、炮、横五拳为基本拳法。

由于近代山西、河北的形意拳交流频繁，所以其内容较为接近。基本拳法都是以三体式、五行拳、十二形拳为主（山西有些地区站桩不用三体式，而用"六合式""站丹田"）。单练套路有五行连环、杂式捶、四把拳、八式拳、十二洪捶、出入洞、五行相生、龙虎斗、八字功、上中下八手。对练套路有五行相克、三手炮、五花炮、安身炮、九套环。器械练习有连环刀、三合刀、连环剑、连环枪、连环棍、三才刀、三才剑、行步六剑、六合刀、六合枪、凤翅镗等。

河南形意拳的基本拳法为十大形（龙、虎、猴、马、猫、鸡、鸥、燕、蛇、鹰）。单练套路有四拳八式（头拳、挑领、鹰捉、粘手）、龙虎斗、上中下四把、十形合一以及心意拳对练等。各地域形意拳虽说内容和风格特点各有所长，殊途万变，但在技法特点上基本同归一致，主要表现如下。

1. 头顶，颈直

"头为周身之主"，形意拳要求头要保持中正，颈项有意识地竖直，动作尽管有起落旋转，头部要始终向上顶劲，不可左右歪斜或自由摇晃，也不要僵硬。它必须在自然竖直中含有轻微的顶劲。与头顶竖项相关的还须使嘴自然闭合，牙齿要扣好，舌尖抵上腭，以利津液分泌；神态自然，精神须集中，不可皱眉怒目、咬牙切齿；下颌里收，不可外突；用鼻呼吸，避免口腔呼吸。

2. 松肩，坠肘

松肩也称"沉肩"或"垂肩"。形意拳要求练拳时，时刻注意肩关节松沉，肘关节松坠，两肩微合抱。松肩和舒胸（含胸）结合起来，还可助气下沉，使下肢更加稳固。打拳出拳时，臂不要完全伸直，肘关节略呈弯曲下坠。凡两臂收放，肘要紧靠两肋，使全身的力量灌注到上肢，周身完整一气。

3. 塌腕，撑掌，拳紧

在上肢活动中，形意拳称手为梢节、肘为中节、肩为根节。形意拳除了少数动作用掌方法稍有不同（如鸡形、龙形、猴形等），在基本练法中，出掌的手形都要求腕部下塌，掌心向前下方，既有向前顶的力量，也含有向下按的力量。五指微分，食指向上挑劲，拇指尽力向外撑，虎口呈半圆形。掌心内含，手的各部都不可松软懈怠。凡出拳时，则拳要握紧，要求拇指全屈，端节压于食指、中指第二指节上，食指向前突出，拳面斜形如螺状，称为"螺丝拳"。向前打拳时，腕部不可上翘或折腕，拳面微向前倾，力达拳面。

4. 拔背，含胸

"拔背"也称"紧背""圆背"，由两个方面构成：第一，由于头向上顶，颈部竖直，腰部向下塌，使脊背有上拉下拔的感觉；第二，借助于两肩松沉，肩窝后引，胸部内含，掌或拳向前伸。背阔肌尽量向左右伸展，这样使背部肌肉上下左右形成一种张力，背部肌肉得到锻炼。

"含胸"又称"舒胸""松胸"，是指胸部舒松含蓄，不可挺胸外突。含胸与拔背是相互联系的。做到了拔背也就体现出了含胸。形意拳在运动时，含胸和拔背也不是一成不变的，而是随着动作的收缩有所变化，以助拳势。

5．塌腰，正脊

形意拳对腰的要求是塌腰、正脊。形意拳的变招换势，左转右旋，非常重视周身的完整与协调。因此，形意拳在练习时要求腰部始终要塌住劲，起到主宰的作用。形意拳歌诀中讲："前俯后仰，其势不劲，左侧右倚，皆身之病。"又说："身如弩弓，拳如箭。"这些恰当地表明了腰身的形态和作用。塌腰要松展自然，富有弹性，防止腰脊僵滞，这样腰就成为上下肢动作的枢纽。脊椎的要领和腰部技术要领的要求不可分割，因为只要注意塌腰和顶头，就能做到脊椎正直。在运动时，随着动作的转换，脊椎也应有所伸缩、转折，以助臂、腿、腰的蓄劲发力，但不能故意扭曲和摇摆。

6．敛臀，提肛

形意拳要求臀部有意识地向里收敛，不可外突翻臀，有的称为"提肛裹胯"或"谷道内提"（肛门为谷道）。这样就约束了臀部外突，保证了腰脊和尾骨的中正，也促进了含胸拔背、气沉丹田。所以，形意拳歌诀中说："提领臀部，气贯四梢。"

7．收胯，扣膝，脚要平稳

形意拳的步法以直进直退为主，以桩步为根本。训练中强调"手要急，足要轻，把式走动如猫行；心要正，眼要精，手足齐到定要赢"。因此，形意拳要求动步敏捷，落脚稳健，胯、膝、脚各部紧密配合，毫不松懈。在进退中，以胯催膝，以膝催脚，胯为根节，膝为中节，脚为梢节。站桩时，胯部要放松，同时微向里缩劲，它与敛臀相结合，就可保持上体的正直；膝关节应弯曲，微向内扣劲，不可散乱外敞，以利下肢沉实稳定；两腿弯曲要适度，太直僵滞，过屈无力。应做到挺而不僵，松而不软；两脚要保持平稳，五趾抓地。做动作时，胯部松缩可以避免上体俯仰歪斜，保证周身在进退中完整一致；膝关节松活自然，能帮助前脚起落伸展和后脚充分蹬地发劲，从而促使步法灵活，步幅加大，落势稳健，劲力更富有弹性。

8. 姿势正确，动作整齐

形意拳要求每动每势处处皆守规矩。周身三节安排合体，"三节六合"配合协调，立身"中正安舒，支撑八面"，手尖、脚尖、鼻尖"三尖相照"。讲究"心气一发，四肢皆动"，整个动作都是在同一时间启动和完成的。

9. 进退和顺，起落均衡

形意拳要求在拳法变换、进退闪转中注意和顺。只有在进退闪转中身体各部位的运动路线、方向、时间、定势后的角度、位置都安排和顺，才不会发生姿势失中、动作僵硬、呼吸紧张、定势不稳等现象。形意拳迅速有力，动静分明，"起势如崩墙倒，落地如树栽根"，因而十分重视起落的均衡稳定。

10. 力量充实，呼吸自然

形意拳要求拳紧、步稳、脚实，发势迅猛，劲力饱满。凡下肢进步，都要前脚贴近地面，竭力向前，后脚则全力向后蹬地，做到"脚踩中门勿落空，消息全凭后足蹬"。上肢动作要两手争衡对拔，彼此呼应。两前臂要内外旋转，就像拧绳一般，起钻落翻，拧裹进退，融成一股整劲，以此充实周身力量。挺胸、提腹、努气、拙力，是形意拳最忌的四大问题。它要求松胸实腹、呼吸自然并与动作自然配合。一般情况下，总是蓄劲时吸气，发劲时呼气，以气助力，使气与力合一。

11. 气势相连，内外合一

气势相连，是一招一式均须贯串一气，须做到势断劲连，劲变意连，既有明快节奏，又有断而又连、绵绵不断的气势。内外合一，是肩与胯合，肘与膝合，手与脚合，心与意合，意与气合，气与力合。"心气一发，四肢皆动""以首领身""以腰催胯，以胯催膝，以膝催足，以足催肘，以肘催手，以手催指"，形与意，内与外，周身上下无处不合。这样，形意拳方能"内外六合"，"形意合一"，浑然一体。

第三节　刀术与枪术

一、刀术

（一）概述

刀是由古代的生产工具演化为古兵器，再由古兵器演化为当今的武术器械。刀主要用于砍杀。据考证，刀最早出现于旧石器时代晚期，当时，是以石刀的形式出现的，后又相继出现骨刀、陶刀。

在原始社会，人们用现成的锐利石片、蚌片、兽骨打制成各种形状的刀，并利用这些刀通过割、削、刮、砍、划、击等方法与禽兽搏斗，与其他部落争夺生存空间。因之，刀在当时既是生产工具，又是防御野兽袭击和杀敌护身的重要战斗武器。

总的来说，刀术在其漫长的发展历程中是沿着两人"相击"和单人"舞练"两种形式发展的。两人相击形式的刀术格斗技法，在冷兵器时代主要用于军事训练和战时格杀。随着火炮的兴起，冷兵器在军事中的地位逐渐衰退，刀术的格斗形式逐步发展为近代武术的"短兵"运动。单人舞练形式的刀术很早就出现于民间武术中，并不断发展、成熟。

至近代，刀术的发展多用于日常健身。目前，作为现代武术运动的重要组成部分，一般将刀术套路分为：一手持刀演练的单刀类；左右手各持一刀演练的双刀类；一手持刀，一手持盾牌，或持拐子，或持九节鞭进行演练的"盾牌刀""单刀拐""单刀加鞭"等套路。此外，还有"空手夺刀""单刀花枪""花枪大刀""扑刀进枪""双刀进双枪""对劈刀""单刀盾牌进枪"等对练套路。

（二）主要技法特点

刀术内容丰富多彩、千姿百态，仅在各地流传的套路就数以百计。每年全国性武术运动会参赛的套路也有数十种之多，其中常见的有梅花刀、万胜刀、追风刀、龙形刀、滚躺刀、雪花刀、劈挂刀、六合刀、八方刀、太极刀、八卦刀、五侯刀、燕青刀、春秋刀、滚手刀、连环刀、混元刀、天罡刀、定宋刀、太保刀、武松刀、少林刀等。此外，刀术套路因所属拳种不同，练法和风格也不尽一致。例如：八卦刀以走转为主，要求人随刀转，势势贯串；太极刀则要求柔和平稳、刚柔相济；等等。在众多的武术流派中，刀术套路的风格特点各有所长，虽殊途万变，但在技法特点上基本同归一致，主要表现如下。

1. 尖刃背把，刀法分明

刀术的每一种方法都有着严格的要求，不可混淆。一定要做到路线清晰、力点准确、刀法分明。具体来说，刀术的攻防主要体现在刀尖、刀刃、刀背及支配刀动的把法上。刀尖锐利主于扎；刀刃薄利主于劈、砍、斩、撩；刀背后钝，主于缠头裹脑贴身近卫。把法循"换把变招，固把击发"的原理运用。例如：扎刀刀刃朝下、朝上或朝左，刀尖向前直刺为扎，力达刀尖；劈刀，刀由上向下为劈，力达刀刃前部；刀向左（右）下方斜劈为砍，着力点在刀刃后部。刀的运动路线与着力点不同，决定其技法的不同。

2. 刀若猛虎，动势尚猛

从刀的形制来看，一般的刀的刀背厚钝，刀刃薄利。所以，以劈、砍为主的刀法，快、疾、猛、狠的动势成为刀术的一大技法特点。因刀快步疾、缠裹绕身、倏忽纵横，《手臂录》中说"短兵进退须足利，足如鼍兔身如风"，使刀术势如猛虎下山，威不可挡，展现出一往无前、勇猛剽悍的运动风格。这是刀术持短入长的技法规律，指以敏捷的远跃高跳和迅疾的步法配合凶猛的刀法。技击中欲求发挥"短兵长用"的作用，关键是步疾、身灵、眼锐、手快，才能发挥刀的近战功用。因此，常以猛虎之性比喻刀术的技法特点，以虎之凶猛比喻刀术的运动特点。

在武术兵器中，单刀属短兵器，欲发挥短兵长用的作用，不仅要求身法灵活快捷，而且步法的前后、左右移动迅疾也是关键。所以，敏捷快速的移动步法是达到"舒之可刃人于数步之外"的基本要求。

3. 刀法快捷，诡秘莫测

经过长期的演变和发展，现代武术中的刀法有虚有实、有刚有柔、有奇有正，变幻莫测。人们在实践中总结出的经验有"刀走黑"之说，是在阐明刀法的诡秘性。刀术不仅尚猛，而且表现出刀法快捷、奇诈诡秘、变幻莫测的技法特点。

4. 配手合法，以腰助力

单刀看手，双刀看走。所谓"单刀看手"就是要配手。配手指的是在一套刀术中，单刀要看刀的运动与不握刀手的协调配合，配合应遵循"顺领合击，反向对称"的原理。例如，抹刀、带刀适合顺领，劈刀、砍刀适用合击，扎刀、截刀适于反向对称。同一种刀法也可有多种配合，但要有助于肢体在运动中保持稳固和谐，便于动作之间衔接使其对称美观，又符合技击法则。练刀时还要注意整个身体与刀的运动的协调。

腰是上下肢完整一体的中介，无论是大劈大砍的进攻动作，还是贴身缠绕的防守动作，均要求凭借腰部的拧转和身体的屈伸带动器械来完成。以劈、砍、斩、削、扫等为主要内容的刀法，在其用法上多以腰助力，加大攻击力度，身法活便，以腰助力而发挥其猛狠的动势。同时，以身法的闪展腾挪、俯仰扭转加大动势的幅度。所以有"其用法，唯以身法为要"的拳谚。

二、枪术

（一）概述

枪是我国武术长器械，古兵器之一，是由棍与矛演化而来的，历史上也把枪称为槊等。枪与矛的区别在于矛头较重，形制较宽厚，而枪头较小，比矛锋利，是较为轻利的刺兵器。原始的长枪仅仅将木棒头削尖就成了。《通俗文》载："剡木伤盗曰枪。"后来发展到在竹木杆上绑着形似矛头的石块、骨角锥刺猎物。到了商代出现了青铜矛，形体宽大，刃部具有双锋，不少矛錾部的两侧有环或孔，用以系缨。冶铁业发展以后，铁制矛头锐长，近似于枪。枪在隋、唐、五代已成为战阵的主要兵器，人们逐渐把矛改称为枪，并将矛头的尺寸减小，使其更加轻便。枪的特点：制造简单，直线攻击，攻击距离远，回抽快，杀伤力大。宋代枪的形制种类不仅多于唐代，而且用法也随着不同的形制变化而呈多样化，但在军队中，枪仍然是近战的主要武器。清代枪的种类繁多，有军中普遍使用的枪，战船上使用的钉枪，还有铁枪、线枪、虎牙枪、三眼枪、火焰枪、雁翎枪、大枪、双头枪、双头钩镰枪等，这些枪主要是清朝八旗军和绿营军的常规武器。清代学、练、研究枪法者很多，《手臂录》《万宝书》《阴符枪谱》和《苌氏武技书》等都记载了枪术理论。

火药武器在战争中普遍使用以后，枪在军事上逐渐被淘汰，但作为武术器械却得到了发展，如今的套路演练形式有单头枪、双头枪、双头双枪、单头双枪等。枪被列为武术竞赛项目以后，竞赛规则规定枪的长度不得短于本人直立直臂上举后的高度，枪杆的粗细因演练者的年龄、性别不同而异。

枪法主要是以拦、拿、扎为主，此外还有点、劈、崩、穿、挑、绞、拨、圈、盖、缠、舞花等法。其运动特点是力贯枪尖、走势开展、上下翻飞、变化莫测。

（二）主要技法特点

枪虽在众多武术流派中演练风格各异，但其一般技法特点如下。

1. 枪扎一条线，三尖对照

枪法注重直扎，以扎发挥枪尖的技击功效，直扎远取发挥枪的优势和特长。扎不仅是枪术的主要方法，而且是枪术最主要的进攻技法特点，俗话讲"一寸长，一寸强"。扎枪时要求沿枪身纵轴用力，使枪身直线扎出，力达枪尖，爆发寸劲，同时要求出枪快、准、狠，即出枪快，路线短，有力量，去如箭，来如线。方法上要使枪尖、鼻尖、脚尖在同一纵面内，即三尖对照，要求形成一个立身中正、脚下稳固、人枪合一、灵活应变的整体姿势。并通过蹬后脚、拧腰、顺肩、挺腕在一条直线上向前直刺用力。用力时要柔、快且有加速，力点准确清晰。枪扎出后要迅速收枪。扎枪时，大多采用连扎几枪的衔接方法，故说"枪扎一条线，三尖对照"。

2. 持枪贵在四平：中平枪，枪中王

"四平"指顶平、肩平、枪平、脚平，即持枪的基本姿势应做到头正、颈直，下颌微收，两眼平视，炯炯有神。两肩松沉，上体正直，才能势稳法活。两手与枪尖三点在一水平线上，枪才可以攻守活便，出枪快而有力。两膝坐屈，两脚踏平，重心自然下沉，身姿才能更加稳固。"四平"又称"中平枪"，《纪效新书·长兵短用说篇》卷十记载，中平枪法"为六合枪之主，

作二十四势之元，妙变无穷"。《手臂录》中也认为："以中平枪为枪中王，为诸艺皆从此出也。"可见，"中平枪"在格斗中被视为不宜变换的基本实战姿势，其技法也被作为枪术的基本技法。

3. 持枪稳活，前管后锁

此种技法指在枪术运用过程中，两手控制枪身的基本手法。枪谚中说："前手如管，后手如锁。"握于枪身中段的前手，要像"管"一样套住枪身使其不脱落，又能保证枪杆在其中自由出入，还能灵活自如地控制枪的运动路线及运动方向，即所谓"前手如管"；"后手如锁"，即后手握于枪把根部，要像"锁"一样牢固地握住枪把，推动枪身运动，不仅能灵活地运转枪把，变化枪梢的位置，而且能使腰部力量传达于枪尖。

4. 艺工于一圈

《手臂录》记载："唯枪亦然。总用之则为一圈，剖此圈而分之，或左或右，或上或下，或斜或正；或单或复，或取多分，或取少分，以为行着诸巧法，而后枪道大备。是以练枪者，唯下久苦之工手一圈，熟而更熟，精而益精。"实战时，两枪较技彼来我往，枪的防守在于与来枪相交，如拦、拿、缠等；枪的进攻要避开对方之枪，如拦扎、拿扎、缠扎枪等，不外乎平枪走弧线，或整圈，或半圈，或大半圈，或小半圈等，关键在于圈的熟练程度。

拦拿圈转是枪术中的基本防守技法，圈转与直扎交融运用，圈中化直、直中化圈，防中含攻、攻中寓防是枪法中的一大技法特点。

第四节　剑术与棍术

一、剑术

（一）概述

剑是中国古代的一种短兵器，剑身直，双刃，能劈、刺、斩、截、绞，剑体轻便，可随身携带，柄与剑身之间有云形或元宝形护手；柄端有云形或葫芦形剑首。平时，剑装入剑鞘，是一种防范非常的卫体武器。

剑在中国，神乎其技，技"神"及剑，于是剑亦神通，称为"神器"。剑是什么时候出现的？《广黄帝本行纪》说："帝采首山之铜铸剑，以天文古字题铭其上。"传说黄帝与蚩尤曾战于逐鹿。华夏文明自黄帝始，距今五千余年。当时，中国还处于石器时代，夏始出现青铜器。所以说黄帝采首山之铜铸剑的说法，不可信。现藏于上海体育学院国家武术博物馆的商代晚期人头纹铜剑，全长 25.3 厘米，可能是现存年代最早的剑了。

现在出土最多的青铜剑是春秋战国时期的剑，虽然春秋晚期已有钢剑，但至战国晚期，仍以青铜剑为主。最著名的为勾践剑，是春秋战国时期青铜剑之典型。

剑演化到近现代，为钢制。现代剑器，早已从古代的冷兵器战斗领域退出，不再用于实战，仅作健身表演之用。因此，剑身造得很薄，无刃，无槽，很软，很轻，成为道具。

现代武术运动中的剑的长度，按《武术竞赛规则》规定，以运动员反手直臂持剑，剑尖达于耳垂为准。一柄实用剑（做兵器用）的重量一般在 1～1.5 公斤之间，过重过轻都不实用，中国剑术不以重胜。

中国传统武术中，剑术可谓"一枝独秀"，不但历史悠久，而且富有传奇色彩。中国剑术是中国传统文化的一部分。历史上，史书对剑术的着墨，远比其他武技多，剑成了一种文化现象。作为文化现象，剑远远超出了技击的领域，涵盖了诗、书、画、乐等文化领域。

（二）主要技法特点

剑术的技法特点是由剑的形制特征所决定的。在漫长的历史进程中，其形随时间而变化，同时剑术技术也不断提高和发展，为了传承延续而模拟诸剑法构建了五彩缤纷、内容丰富的剑术套路。尽管各门各派的剑术都有沿袭相传的技法内容，但一般技法特点可归纳为轻快敏捷、身活腕灵、刚柔兼备、气韵洒脱，故又有"剑走美式""剑走青（轻灵）"之说。

1. 轻快敏捷

剑器轻清两面刃，锋芒于尖。所以，它具有倏忽纵横、以短乘长的技击特点。剑术只有在轻快的行步、潇洒的腾跃中表现敏捷出击、纵横劈刺、锐利攻势、闪展避让，才能体现出"剑器轻清"的特点。

2. 身活腕灵

各种剑法的轻快、准确及剑法的衔接变化，都与身姿手腕的劲力运使技巧相关。步法轻快，腰似蛇行，身姿俯仰吞吐，手腕的扣、旋、点、绷、展、转等灵活运用，能使身法、劲力协调，达到身剑合一。

3. 刚柔兼备

剑术劲力法则有柔有刚，具体表现在剑术运动及剑法的运使过程中，柔中有刚，刚中有柔，刚柔互渗运用。

4. 气韵洒脱

气韵，指剑术运动中的节奏和气度。而剑的节奏指剑法的刚柔、张弛、轻重、辗转、起落，以及移步换形、行剑时重腰身和剑法变化，动作一气呵成，气势连贯，剑身合一。练剑时要做到"单手独运捷于电""手眼清快身脚轻"（吴殳《手臂录》），使剑与手、眼、身、步通体轻快敏捷，同时做到内外贯通，身心和谐，气度宏大，洒脱自如。

二、棍术

（一）概述

1. 棍术发展简史

棍是古代兵器，也是传统武术长器械之一，在古代又称为"殳""棒""梃""杵""轮"等。棍被列为五兵之一，是人类最早使用的防卫器具。作为无刃兵器，棍素有"百兵之首"之称。棍术是一种器械类传统武术，在我国北方称为"棒"或"白棒"，而古代多称棍为"梃"。两者实际上说的是同一物体，只是叫法不同而已。

在我国，棍的起源较早，有着悠久的历史。由于棍取材方便，制作简单，原始人类在狩猎过程中已使用天然棍棒，棍不仅是原始社会主要的生产工具之一，同时也是最早用于战争的武器之一。《诗·卫风·伯兮》载："伯也执殳，为王前驱。"《商君书》对此也有记载："昔者昊英之世，以伐木杀兽。"《周礼·夏官·司兵》载："五兵者，戈、殳、戟、酋矛、夷矛也。""五兵"之一的"殳"，为西周时期兵器之一。战国时，孟子曾对魏惠王说："王如施仁政于民……可使制梃以挞秦楚之坚甲利兵矣。"俞大猷所著《剑经》，是集棍法之大成著作。《新唐志·仪卫志》记载，唐代每逢元旦、冬至的大朝会时，仪仗队列中有约千人的殳仗队。宋代《武经总要》载："取坚重木为之，长四五尺，异名有四：曰棒、曰轮、曰杵、曰杆。"且列有诃藜棒、钩棒、杵棒等。有的用铁包裹头尾，有的装钩，有的头部周围植钉，如狼牙棒。由此可以看出，这一时期棍主要用于军事，且记载较少，用途有限。

明代以后，有关棍术的记载逐渐丰富起来。戚继光在《纪效新书》卷十二《短兵长用说篇》中对此有一定的记载："用棍如读四书，钩、刀、枪、钯如各习一经，四书既明，六经之理亦明矣。若能棍，则各利器之法从此得矣。"明朝时期，各家棍法都是自成体系的，并且都具有较为独特的风格。尽管当时传承密授，但是由于久传而讹，逐渐发展成为忠实套路发展的一种趋势。

作为武术器械的一种，棍术从清代、民国到现代都占据着重要的地位，并得到了更进一步的发展。此外，不同的棍法与棍术套路也在全国范围内得到普及。中华人民共和国成立后，棍术被列为全国武术竞赛项目长器械之一，根据《武术竞赛规则》规定，在长度方面，棍的长度最短必须等于本人身高，并对成年组男女、少年组男女及儿童用棍的粗细作出了更为具体的要求。

2. 棍术流派

棍术在起源与发展的过程中，逐渐形成诸多流派。在我国古代，棍术流派就已经很多了，明代时期，就已有了十几种著名的棍法，如少林棍、紫微棍、张家棍、青田棍、赵太祖腾蛇棍、贺屠钩杆、牛家棒、孙家棒、巴子棍、俞大猷棍法等。

3. 棍术种类

目前，棍的种类有很多，每一种棍都有其独特的技法特点和适用范围。较为常见的棍主要有齐眉棍、手梢子棍、大梢子棍、大棍和三节棍。其中，齐眉棍立棍于地，棍高以眉为度（现在武术竞赛规定用棍与头齐），舞动时可大蹦大跳、劈、扫、舞，灵活多变，棍声呼啸，气势极为勇猛，很适用于"武舞"棍法练用；手梢子棍是一种较为短小的梢子棍，多为双手各执持一棍演练；大梢子棍是一根长棍和一根短棍中间用铁环连接起来，《武经总要》中提到的宋代"铁链夹棒"与其形近；大棍长八尺有余，这就要求棍术的练习者有很大的腰腿之劲和臂力，实战时往往以其长、大、重先制于人；三节棍是三节短木棍，由铁环相连接，携带方便，舞动时可长可短，可伸可缩，出入难防，棍法灵活多变，有一定实用价值。

棍除了有诸多种类外，还有很多种练习套路。近百年来，各武术流派创造了不同类型的棍术套路，其数量之多难以确切估计。虽然这些流派、种类在各方面都存在一定的差异性，但在基本棍法的练习方面，都离不开劈、崩、缠、绕、点、拨、拦、封、撩、扫等。练习棍法的形式也有很多，如单人练、集体练等。各家棍术虽有不同，但在要求上仍有共性。例如："练棍要手臂圆熟，身棍合一，力透棍尖，风声呼呼"；舞棍要勇猛、快速、有力；双手执棍，开合、旋转要圆熟自如，"枪扎一条线，棍打一大片"。

根据棍术的内容特点，又可将棍术分为侧重艺术性棍术和侧重技击性棍术两大类，具体内容如下。

（1）以艺术性为主的棍术

以艺术性为主的棍术就是以展现美为主要特点的棍术种类。大都发展难度动作，讲究姿势优美，是一种不求实用的"武舞"棍法，此乃古人所指"满片花草"。小说《水浒传》中的九纹龙史进，舞棍"使得风车儿似转"，就属于这类"武舞"棍法。舞棍时要求手、眼、身、法、步协调合一，有利于提高身体的力量、速度、耐力，增强勇敢顽强的精神。

（2）以技击性为主的棍术

以技击性为主的棍术就是以技击性为主要特点的棍术。大多是采用两人对劈的基本功夫，也有戴护具进行互相劈、打、拦、刺等训练，虽然棍法不多，但实战性较强。

（二）主要技法特点

在众多的武术流派中，棍术的演练技巧和方法虽然各不相同，但是其在技法特点上大同小异，因而可以将其在技法方面的共同点归纳如下。

1. 把法多变，长短兼施

把法是施展棍的多种技法的关键。握持把的一端，可以利用棍梢抡、劈、扫进行远击；握持棍的中段，可以把、梢兼用，一攻一防，上挑下撩，左拨右打。在运使时，一般都是棍梢、棍身、棍把交互使用，变化莫测。另外，抡、劈、扫、撩的长击远打的棍法和戳、扎、格、压的近身攻守棍法，都充分体现了长短兼施的棍术技法特点。

2. 棍如旋风，纵横打一片

棍的形制特点是：梢锐不及枪，把粗不如棒，因此多以棍把戳、扎，以棍梢抡、劈、扫，运使时快速勇猛，抡动赛旋风，上揭下打，纵横抡劈，能远能近，长短兼施，虽四面受敌而八方可兼顾，形成棍打一大片的技法特点和运动风格。吴殳在《手臂录》中记载，"打必至地，揭必过脑"，精辟地总结了"棍打一大片"的技法要领。

3. 兼枪带棒，梢把并用

棍的形制一般是把粗、梢细。棍梢可按照长枪技法中的拦、拿、扎、点、崩、圈、穿、戳等枪法运使；棍把可按照棒的技法，完成大劈、大抡、大扫等各种棒法动作。但以枪棒兼用的棍术，在运动结构上往往不如梢把兼用的棍术密集紧凑。所以，两者相融，是棍术技法特点的具体表现之一。

4. 换把变招，固把击发

换把应有招、固把便击发是棍术技法所遵循的基本原理。由于棍形制特点，棍身处处可作为握持把位，因而形成棍械浑身藏法的特点。

第五章　武术套路教学

第一节　武术套路教学的内容与教学任务

武术套路与其他体育项目一样，都针对该项目制定了指导教学工作的具体要求与原则，形成了较为完善的教学体系。武术套路教学在具体的实施中既有较为普遍的共性，又有突出的项目特征，这一特征决定了武术套路教学的特点、教学原则和教学方法。

武术套路教学是在教师的组织和学生的主动参与下，依据教学大纲的要求，教师有计划、有目的地向学生传授武术理论知识、技术、技能，培养学生综合素质和能力及思想品德的活动。武术套路教学包含着诸多因素，是复杂的教学过程，主要通过直观的认识、思维及记忆，达到不断熟练和提高的目的，教学中的"双边"活动显得尤为突出。从武术套路教学的特点来看，它是一个由浅入深、由简单到复杂、从直观动作到体会动作内涵循序渐进的过程。因此，武术套路教学主要涉及教学特点、教学原则、教学阶段和步骤、教学方法等。只有灵活地运用这些教学内容，才能使武术套路教学收到良好的效果。

一、武术套路教学的内容

武术套路教学主要是依据教学大纲，从学生的实际情况出发，精心设置教学内容。其内容主要包括武术基本理论知识、基本技术和能力培养三个方面。

（一）理论教学

通过系统的理论讲授、课堂讨论、理论作业及多媒体教学等形式，使学生掌握武术的基本理论知识：武术运动概述、武术运动的特点和内容、武术套路相关的技法、武术套路教学的原则和特点、教学的组织与方法、武术套路竞赛与规则知识、武术套路创编与图解知识等。

（二）技术教学

技术课的教学任务是通过教师的口传身授和学生的反复练习，使学生掌握武术套路的动作方法、动作要领以及武术套路教学方法，提高武术套路动作的规格和演练水平，促进学生身体素质的全面发展。同时，在技术课的教学中把理论知识贯穿于实践之中，促进学生对武术理论知识的理解和动作技术方法的掌握，通过有效的教学方法，培养学生的实践能力。技术课的教学内容根据武术套路教学课的结构可分为以下几个方面。

1. 教学课的准备活动

武术套路教学课的准备活动是教学不容忽视的内容，是有意识、有目的的各种身体活动。须通过必要的身体活动，增加身体各部位的运动幅度，使关节、肌肉、韧带都得到充分的活动，使人体各器官系统机能迅速进入运动状态，以调动学生的积极性，为顺利完成基本部分的任务做好体力、技术和心理准备。准备活动可分为一般性准备活动和专门性准备活动。准备活动的时间一般持续15～20分钟，其内容和时间长短应根据基本部分的任务、学生的具体情况和天气情况而定。准备活动的具体内容包括以下几方面：①慢跑和徒手练习。原地或行进间的徒手操、自编武术操，原地和行进间交替进行的各种跑、跳、行步、击步、绕环抡臂、躯干弯曲和各种踢腿、小跳、转体等练习。②手型手法、步型步法和基本动作练习，身体各部位柔韧性练习，肩和腰背力量练习，以及滚翻类灵巧动作的练习。③趣味性、竞赛性游戏活动。④以身体活动为基本形式，以促进学生身心健康为主要目的综合性身体活动。

2. 技术课的基本部分

基本部分的练习是武术套路教学课的主体内容，教师应根据武术套路教学的特点和课的主要教材进行设计，课的基本部分一般包括以下内容：①基本功、基本动作练习。手型手法、步型步法、神态、抡臂翻腰，以及各种腿法、跳跃和平衡等动作练习。②拳术类套路动作练习。基本动作、主要动作组别练习；难度动作、各种组合动作、分段及全套动作练习；结合拳术套路动作的攻防演练。③器械类套路动作练习。器械基本技术练习；难度动作、各种组合动作、分段及全套动作练习；结合器械套路动作的攻防演练。④对练项目（徒手对练、器械对练、徒手与器械对练）练习。跌扑滚翻动作练习；两人或三人攻防配合练习；组合动作、分节及全套动作练习。⑤素质练习。速度（动作速度）、力量、柔韧、灵敏与协调、力量、平衡的控制力和耐力等方面的专门练习。

以上各种练习应围绕教学课的主要教材合理选择，并根据学生不同的技术层次，提出相应的要求。此外，还必须经过有序的教学步骤，通过一些必要的辅助练习、分解练习、强化练习，让学生逐步掌握完整的动作技术，使套路动作规范、流畅、节奏分明，达到突出项目观赏性的目的，这也是武术套路教学中不可缺少的内容。

3. 结束放松练习

武术套路运动中的绝大部分项目都具有蹿蹦跳跃、闪展腾挪、起伏转折、快速多变等特点，对学生的身体素质和内脏器官的机能都提出了较高的要求，再加上进行了较长时间或较大强度的套路动作练习之后，就需要通过积极而有效的放松活动松弛学生紧张的肌肉，调节学生的心理情绪，以消除疲劳，恢复体力，促进学生的身心健康。常用的放松活动有以下几种：①局部按摩，拍打四肢和躯干以放松肌肉。②缓慢的上肢、下肢、躯干等部位的伸拉性练习，放松肌肉。③做以弹动和抖动为核心动作的放松操，放松身体。④垫上做团身滚动，放松背部。⑤配合呼吸进行有意识的放松。例如：吸气时两臂向上，身体充分伸展；呼气时两臂放松下摆，同时由下至上，身体各环节依次放松前屈。⑥借用太极拳的理论和呼吸方法，做深呼深吸或用意念放松身体。

（三）能力培养

能力是构成素质的重要方面，它是一种无形的、促使人全面发展的潜在品质。随着我国学校教学改革的不断深入，现代学校体育教育早已摒弃了单纯强调知识和技术传授的狭隘观念，注重学生的全面发展，培养学生的能力已成为体育教育的重要目标之一。因此，武术套路教学除了要使学生掌握武术知识和技能，学生能力的培养也是武术教学的重要内容。在教学实践中，应根据武术套路项目的特点，结合理论知识与技术课的教学而进行。武术教学目的是通过系统的教学，使学生掌握动作的方法、要领，以及相关拳种的技法，激发学生学习武术的浓厚兴趣，引导学生发掘自己的潜能，促使学生进一步学习和掌握武术套路运动的基本知识、技术和技能，科学地掌握武术套路理论和运用方法，并具有看书、查看视频资料自学武术套路动作的能力，能够运用所学的知识和套路动作素材创编成套动作，自己练习或指导喜爱武术运动的练习者，使更多不同层次、不同年龄的武术爱好者在实践中感受到中国武术文化的精髓，让中国武术这一宝贵的文化遗产造福于人类。

武术套路教学应着眼于学生今后的教学及武术相关工作，在培养人才的教学实践中，不但要让学生系统掌握武术套路的基本知识、基本理论、基本技能，更应采用多种方法和手段培养学生的实际工作能力。因此，武术套路教学应着重从以下几个方面培养学生的实际工作能力：①在武术套路教学实践中，有计划地安排学生相互纠正与练习，提高学生发现问题和解决问题的能力；实施有效的师生互动；运用生物力学的知识分析动作要领和错误的原因。②进行部分课和全课的教学实习，学会备课、写教案，掌握常用口令、分解动作（动作名称）的口令、提示性（动作名称加要领）口令，提高组织教学的能力。③完成用文字和简图记写成套动作的作业。④独立创编不同类型的准备活动成套练习，独立创编单练、对练和集体项目。⑤完成用生物力学的方法分析武术套路技术动作的作业。⑥参加武术套路不同类型的表演或比赛活动。⑦担任武术套路比赛的辅助裁判或执行裁判工作。⑧面向社会，承担武术套路教学、辅导和表演，以及比赛的组织工作。

二、武术套路教学的任务

武术套路教学任务是指在武术教学的实践中，为完成教学内容和实现教学目的所提出的不同层次的要求。武术套路教学以促进学生身心健康，让学生掌握一定的武术知识、技术和技能，以及科学锻炼及养生的理论与方法，培养学生坚强的意志品质，热爱中国传统文化为主要目的。

（一）尚武崇德的思想教育，塑造学生健康人格

"尚武"是倡导刚健有为的民族精神和参与武术锻炼，以求强身健体，自强不息，培养学生的爱国热情和民族自尊心。"崇德"指推崇道德修养、尊师重道、讲礼守信、谦虚恭敬、见义勇为，自觉遵守社会公德。武术套路教学应结合武术的特点及教学规律，重视对学生进行尚武崇德的思想教育，使学生明确习武目的，端正学习动机；培养学生良好的学风，帮助学生养成自律的行为习惯，净化学生的心灵，提高学生的品行；培养学生吃苦耐劳、不断进取的精神，磨炼学生坚忍不拔的意志，激励学生立志向上、发奋图强，培养学生良好的意志品质；引导学生建立和谐的人际关系，培养学生相互尊重和团结友爱的精神，达到人与人、人与自然的和谐统一。通过武德教育潜移默化的熏陶，使学生达到外练精湛技术、内修高尚品德的目的，以追求高尚的道德情操为目标。

中国武术历来讲求"练武先修德""先德后艺""德艺双修"，逐步形成注

重武德修养、追求精湛技艺的教学模式，将武德教化贯穿于整个习武和教学过程之中，培养学生良好的行为规范。因此，习练武术不仅是一种锻炼，也是修炼，"修"者修德，立德成就人格，"炼"者磨砺进取，练就武功，练就"义勇兼备"的刚强之躯。通过武术文化的熏陶，激发学生积极向上的内在精神动源，提高学生的技艺，在修炼中塑造学生的人格。其基本内容：尚武重义，树立坚不可摧的理想信念和爱国情怀；尊师重道，中华传统美德教育；武术"抱拳礼"，激发民族自尊心和自豪感；重义守信、立身正直的人格品质教育；"天人合一"，崇尚自然，追求人与自然和谐统一，热爱生命的人生观念；长期的实践磨砺，锤炼出自强不息、百折不挠的意志品质和浩然之气。

（二）使学生掌握武术基本知识、基本技术和基本技能

在武术套路教学中，教师有计划、有目的地向学生传授武术知识和技术，使学生循序渐进地掌握武术基本理论知识、技术和技能，促进学生理论和专业技术水平的提高，培养学生的实践能力。

1. 基本知识

武术技术与理论相关的知识，以及与体育相关的其他学科理论。

2. 基本技术

武术技术是指完成动作的方法，同时技术又是客观和稳定的，反映运动项目特点和规律。武术套路基本技术主要包括基本功、基本动作、组合动作、武术技法和技巧等。

3. 基本技能

技能是人们在活动中运用知识经验通过学习而获得的完成某种任务的动作方式或心智活动方式。技能是知识的积累，积累得越多技能越强，反之学而不

练，不注重实践和知识的积累，就不可能提高其技能。武术技能是指学生掌握技术和运用技术的能力。武术技能包括两个方面：其一是熟练运用基本技术的能力，包括演练水平和表现力，分段和整套的演练能力，等等；其二是学生在实践中灵活运用技术的能力，包括自我表现和相互评价等，也称实践工作能力。

（三）促进学生身体素质的全面发展

身体素质就其本质而言，主要是指人们体质的强弱和运动的机能能力。随着体育运动的快速发展、人们参与体育运动热情的提升，以及人们健身意识的不断提高，身体素质已成为现代体育运动中专门的名词术语而被广泛使用。身体素质在体育运动中，可以看成是人体在运动中所表现出来的力量、速度、耐力、灵敏及柔韧等机能的综合能力。

身体素质可分为一般身体素质和专项身体素质，它包括柔韧、速度、协调、力量和耐力等素质。身体素质是运动能力的基础，注重学生身体素质的全面发展，对技术动作的学习和技能的提高至关重要。由于武术套路教学的复杂性和技术要求的全面性，只有注重学生身体素质的全面发展，才能促进学生技术的学习和掌握，并将武术套路特有的劲力、速度、节奏、风格充分地表现出来。同时，在练习和强化训练中，必然会伴随着身体上的不适和暂时性的疲劳，仍须坚持完成身体练习，才能促进身体素质的不断提高。因此，全面提高身体素质是武术教学的重要任务之一。

（四）进行审美教育

所谓审美教育，也称之为美育。美育是人类认识世界、改造世界的重要手段，也是人类实现自身美化、完善人格塑造的重要途径。审美教育是运用自然美、社会美和艺术美的手段所进行的审美情感教育，是调节情感、塑造心灵和提高创造美的能力的教育过程。武术是中华民族宝贵的文化遗产，之所以被世人所推崇，传承数千年并誉为"国术"，就在于武术从起源到发展整个历程都承载着中国传统文化的巨大形态，根植于中国传统文化的沃土，凝聚着中国哲学的智慧、美学的意境和艺术学的神韵，形成武术所固有的"美"的特征。武术运动之美，堪称东方古老文明美的缩影。因此，武术教学具有进行美育教育的广阔空间，应充分发挥武术的文化教育价值，使学生领悟武术文化的精髓，弘扬民族传统美德，树立良好的审美情趣和审美观点，提高审美修养，促进学生身心全面发展，使学生以审美情趣和审美观念指导武术的学习。由此可知，武术教学中的审美教育是民族文化的传承，也是一种人的全面教育，是使学生学会做人，学会生活，热爱生活，从而成为全面发展、人格健全的"人"的教育。可以说，进行审美教育是当代社会与时代的需要。

第二节　武术套路教学的原则和特点

一、武术套路教学原则

所谓原则，是指人们说话或办事依据的准则和标准。而教学原则是人们在长期的教学实践中不断探究，在总结教学规律的基础上所制定的教学活动的基本要求，它对教学活动具有普遍的指导作用。因此，教学原则具有规范性、理论性、时代性和多样性的特点。

任何一个体育项目都有该项目的运动特点，其教学原则也不尽相同。因此，体育教学原则在武术套路教学中的应用要充分考虑武术套路教学的内外因素，遵循武术套路的特点和教学规律，把握教学的基本原则并贯穿教学始终。

（一）教育整体性原则

学校的教学活动是实现教学目的、传授知识的重要途径。在教学中贯彻教育整体性原则关系到人才培养质量，因而武术教学所承担的任务应具有整体性。就教育整体性原则而言，应包括两方面含义：一是应高度重视武术教育的特殊价值和教学过程，把武术作为一种文化教育的手段，在教学双边活动中，通过武术技术这一载体进行民族文化的传承，使学生在教与学的过程中感悟身体文化的内涵，在接受文化熏陶的同时，培养学生尊师重道的品质和高尚的人格，促进学生全面发展。这一任务的完成应是完整而全面的，决不能有任何方面的偏废。体育教育是学校整体教育的重要组成部分，而武术教育只是学校体育中的一部分，因此我们既要重视学校武术教育的特殊作用，又不能夸大其词，重要的是要使学校武术教育与整体教育相协调。二是武术教育注重人的全面发展。武术套路教学活动本身既讲求动作的规范，又注重整体性，这是武术运动项目所决定的。从武术教学活动来看，它是由诸多教学要素所构成的完整系统，这就需要老师在教学实践中主动协调好各教学要素之间的关系，使之有机配合起来，在实现教学目标的过程中产生并达到良好的整体作用。其要求如下。

第一，树立整体教育观念，这既符合学生德智体美全面发展的教育方向，又是武术教育和文化传承的关键。在传授武术知识和技能的同时，更要注重武术文化的传承和武德教育，二者的有机统一是教学具有教育性规律的反映。

第二，运用社会学、教育学和心理学等方面的理论与手段，结合武术理论和技术教学内容，对学生进行有目的的教育，使学生树立良好的学习态度和动机，发挥文化的优势，进而引起学生探求武术文化的兴趣与热情。

第三，在武术套路教学的实践中，教师既要做到"言传身教"，又要注重学生实践能力的培养和独立思考能力的提高，让学生多种感官作用得到充分的发挥。

（二）主体性原则

主体性教学原则是指在武术套路教学的实践中，始终以学生为本，调动学生的"主体作用"和学习热情，培养学生发现问题、解决问题和独立思考的能力；发挥教师的主导作用及教学的掌控能力，使学生在教师的指导下，积极主动地参与教学活动，激发学生的主体意识，发挥学生主体的自觉性、主动性和创造性，达到"教"与"学"相长的目的。因此，武术套路的教学过程其实质是师生的互动和教与学的双边活动，师生双方在教学过程中的积极性和自觉性对教学质量至关重要，也是决定教学效果的重要因素，两者缺一不可。其要求如下。

第一，改变传统的灌输式教学，以素质教育为指导，树立以学生为主体和"以学生为本"的教学观念，重视学生积极主动参与意识的培养，尊重学生的人格和个性，培养学生学习的自觉性和主动性。

第二，教师要重视教学研究，精心设计教学环节，突出教学的重点和难点，把教学中的学、练、问有机地结合起来，激活学生的思维和创造力，不断启发学生的主体意识和参与热情，从而调动学生的主动参与精神和学习欲望。

第三，注重理论与实践相结合，引导学生掌握武术学习和练习的方法，让学生享受习武之乐，帮助学生获得成功的情感体验。

第四，了解学生的实际情况和个体差异，承认学生差异的客观性，重视学生的个性发展，使每个学生都能获得不同的情感体验。

（三）直观性原则

直观性教学原则是指在武术套路教学活动中，教师合理利用学生的各种感官和自身体验，通过各种形式的感知，使学生获得直接的感性认识和运动表象，并与学生的思维特点和实践活动相结合，达到学生更好地掌握知识和技术的目的。直观性原则是武术套路教学最为常见和有效的教学原则，教师正确地运用直观性原则，可提高学生的空间想象力，让学生在学（模仿）与练中感知技术动作的概貌，同时通过启发、提问，引导学生进行思维活动，使学生强化正确的感觉意识，建立正确的动作概念。在贯彻这一原则时还应注意"视、听、练"与"想"相结合。其要求如下。

第一，重视直观教学，强化教学中教师示范动作的准确性和规范性，富于较强表现力（形神兼备）的示范，能使学生建立正确的动作概念和感性认识，使学生感受到武术套路的独特魅力。为了加强示范效果，应在示范动作前告诉学生重点看什么，启发学生"看"与"想"相结合；在教学中采用正误对比的示范方法，能够启发学生主动思考，积极地进行分析、对比、判断等思维活动，加深对技术的理解，提高分析问题的能力。同时，为丰富武术套路教学形式，应充分利用互联网上大量的信息、图片和影音资料等，让学生接受更多的图片和声像信息。

第二，教师的讲解应准确、生动、简明、形象，它既有直观的作用，又能启发学生的思维活动，帮助学生弥补武术动作中所存在的不足。并结合动作示范，进行动作方法、动作要领、规格要求及劲力等方面简要的讲解或提示，以加深学生对动作的理解，进一步明确动作要求和要领。

第三，注重教学中视、听、练的有机结合，要善于启发学生积极思考，引发学生的想象能力和创新精神。加深学生对所学技术的理解，并从教师的示范和讲解中（视、听）获得生动的动作表象，从感性认识上升到理性认识，加深学生对动作技术的掌握和动作之间联系的理解，这不仅能够使学生理解动作原理，快速掌握动作技术，而且会起到事半功倍的效果。

（四）循序渐进原则

循序渐进原则是指在武术套路教学活动中，根据学生的实际，并在教学内容、教学方法和运动负荷等方面进行科学的安排，符合教学的客观规律，从易到难，遵循系统性和连贯性的要求，使学生逐步得到提高和发展。其基本要求如下。

第一，根据武术套路运动特点和教学规律，准确把握循序渐进原则的"序"。教学内容应根据教学对象而定，应遵循由易到难、由浅入深、由简到繁的原则，使所授教学内容能前后有机地衔接。同时，还应考虑各类动作之间的横向联系，逐步提高教学内容的深度和广度，使所授教材内容具有科学性、系统性、实用性和可接受性。

第二，教学步骤应遵循由易到难的顺序，即基本功—基本动作—拳术—器械练习；由简单动作到复杂动作，由组合动作到分段动作，再到全套练习；练习则应按照由口令指挥练习到个人演练这样一个循序渐进的教学程序进行。

第三，武术套路教学是以技能为主的教学，应充分利用教学时间，重点向学生传授相关的武术技能和健身方法，在有限的教学实践中使学生尽快掌握和提高。这就要求教师在教学活动中尽力做到精讲多练。"精讲"就是要求教师根据大纲，合理安排教学内容，突出教学的重点和难点，对动作方法及要求的讲解力求简明扼要，表述准确。多练是在精讲的基础上，有效地掌控练习的时间，合理安排练习负荷和强度。同时，还应与知识教学、兴趣培养和个性发展相结合，这样才能真正达到良好的教学效果。

第四，把学生实践能力和创新能力的培养贯穿于教学的始终，并随着教学内容的不断增加使学生的实践能力、创新能力不断得到提升。实践能力和创新能力的培养和提高应做到有计划、有目的、有步骤地实施，逐步增加培养的内容，加大培养力度，使之能够与技术水平、理论水平同步提高。

（五）巩固提高原则

巩固提高原则是指在武术套路教学活动中，使学生掌握的知识与技能，通过反复练习和不断深化得以牢固掌握与提高，并在实践中熟练而灵活地运用。动力定型的形成，必须经过"巩固—提高—再巩固—再提高"的过程，它是学生掌握知识，不断提高技能水平的必然结果。因此，强调巩固提高原则，引导学生积极主动地重复练习，是建立牢固的动力定型，巩固教学成果的关键，有益于教学质量和学生技术水平的提高。其基本要求如下。

第一，教师应考虑武术套路教学的复杂性，合理控制教学进度的实施，遵循运动技能形成的基本规律，使所授教学内容和技术动作在反复练习和强化中得以巩固，这是运动技能形成不可缺少的阶段。因此，一定的练习时间和练习次数是必不可少的，它能使学生掌握的正确技术在反复练习中得以巩固，加深记忆，从而在大脑皮质中建立正确的动力定型。

第二，合理安排课堂练习，有针对性地控制好掌握技术、巩固技术和提高技术三个阶段的运动负荷和强度，巩固所掌握的技术，逐步达到教学要求，真正表现出武术套路的形神之美。学习武术套路是一种手段，而要想真正达到健体、养身、竞技、观赏的目的，必须通过训练熟悉动作要领，形成巩固的动力定型，才能真正使运动技艺得到不断深化。

第三，通过评定成绩、技术测验和教学比赛等形式，促使学生将已学套路动作进行全面系统的复习，提高套路动作的熟练程度，这是巩固和提高运动技术最有效的教学环节和手段。

第四，注重言传身教与练悟的结合，通过技艺的感性形象对学生的情感和意志实施影响。在提高学生技能水平的同时，将武术文化融入教学之中，提高学生的武德修养，注重学生兴趣培养和能力发展、个性发展，促进学生德艺双修，全面发展。

二、武术套路教学的特点

教学始终是教与学统一的活动，这种教与学的双边活动，是人类特有的人才培养活动，人非生而知之，是学而知之的。因此，武术套路教学是传道授业的实践活动，是教师根据教学大纲，按照教学计划有目的、有计划、有组织地向学生传授武术套路基本知识、技术和技能，让学生通过直观认识和反复练习，将思维活动与体力活动相结合，促进学生身心全面发展，培养学生道德品质的实践性活动。同时，武术套路教学既具有其他体育项目的共性，又具有自身技术内容的独特性，确定了教学的基本特点。其特点如下。

（一）基本功、基本动作是学习武术的基础

基本功、基本动作是学习武术的开端和基础。在教学过程中，其一，应根据教学大纲，合理分配教学时数。其二，在教学中应针对教学任务和对象，尽量做到教学的连续性、系统性和多样性。其三，武术套路技术动作复杂多变，

应根据运动技能形成的规律，循序渐进进行教学。其四，教材内容的选择和教学步骤的实施，应从易到难，由简单到复杂，同时还要根据武术技术动作形成和提高的特点，在教学中突出和强化基本功、基本动作的练习，这对武术套路教学将起到重要的作用。

基本功、基本动作是武术技术的基本组成部分，是学习武术必备的身体活动能力，也是提高技术能力及心理素质而进行的身体各部位的专门性练习。"拳无功，一场空""打拳不遛腿，一世冒失鬼；打拳不活腰，终究艺不高"，都说明了武术套路技术动作与基本功有着水乳交融的关系。因此，掌握基本功、基本动作对学生学习武术套路、攻防技术，提高学生技术水平，以及激发学生学习武术的兴趣具有重要的意义。基本功、基本动作主要包括手型手法、步型步法、柔韧功（肩功、腰功、腿功）、桩功、稳定性的平衡功、灵巧性的跳跃功，以及各种跌扑滚翻等内容。坚持经常性的基本功练习，可以增强各关节、韧带的柔韧性和灵活性，提高肌肉的控制能力和必要的弹性，对于提高动作质量和演练水平、减少伤病和延长运动寿命有着十分重要的作用。基本功是学习武术套路的基础，无论拳术还是器械都与基本功有着密切的关系。因此，将基本功、基本动作贯穿于教学的始终，是武术套路教学的特点之一。

（二）注重直观教学，突出动作难点和动作规格

武术套路教学是一个复杂的教学过程，其复杂性主要表现在武术教学过程始终处在一个动态环境之中，如教师生动、形象、准确的语言描述，对动作的直观示范、讲解、纠正等。在武术套路教学中，学生首先遇到"三多"问题：一是动作数量多，武术套路中的拳术或器械一般由若干个组合和数十个动作所组成，动作结构各异；二是动作路线、方向变化多，动作路线的不断变化，形成往返折叠、复杂多变的路线和位移；三是一个动作包含的因素多，武术套路讲求"内外合一、形神兼备"，外求手、眼、身、步的协调配合，内有精神、意识、劲力、呼吸相统一的要求。另外，不同流派或不同风格的拳种及器械套

路都有各自的特点与要求，给学生掌握武术套路动作和教学带来了一定的难度。同时，人类认识事物的规律都是从感性到理性的认识过程，在武术套路教学中，应根据这一规律组织教学，在运动技能形成的初期，强调动作路线和规格，可使学生建立正确的动作概貌，教师准确而流畅的示范，对建立正确的动力定型至关重要。武术套路的拳种众多，不同拳种呈现出不同的特点和风格，对动作规格和准确性也提出了具体的要求，这正是体现拳种特点和风格的重要内容，是提高教学质量和教学效果的重要因素。因此，突出动作的规格，是武术直观教学的基础，也是建立正确动力定型的根本保证。

在武术套路教学中，教师之所以多以直观方式组织教学，就在于直观性教学有利于学生对动作的理解，帮助学生建立正确的动作概貌，尤其是在武术套路教学新授内容时，教师领做示范是教学中的一个鲜明特点。同时，教师应根据教学任务、学生的接受能力和练习的实践情况，合理运用各种直观教学的方法组织教学，选择正确的示范位置，进行完整示范、分解示范、重复示范、对比示范，并辅之以言语提示、要领讲解、挂图，以及现代化的多媒体教学形式等，使学生更好地掌握所学套路的动作结构、技术要领和动作方法，逐步形成正确的动作表象。

（三）结合攻防动作进行讲解示范，突出劲力和技击特点

武术是中华民族在长期的实践中不断总结和发展起来的，人们对武术的"体用合一"推崇备至，充分体现在武术的攻防技击这一特质上，攻防技击的特点决定了武术的本质属性。武术最初是人类用于防身和维持生存的一种手段，后来成为军事训练必不可少的重要内容，这与古代军事斗争紧密相连，其技击特性是显而易见的。随着冷兵器时代的结束和社会的发展，武术最直接的技击价值逐步减退，并逐步演变成为人们喜闻乐见的民族形式的传统体育项目。在随后的发展中，不少技术动作在动作规格、动作幅度和节奏变化的要求上与动作攻防技击的原形有所变化，但仍然保持了武术的本质特点，许多动作

在技法上都具有攻防技击的内涵,有其不同的使用方法和攻防规律。从武术套路的整体来看,其仍然是以踢、打、摔、拿、击、刺为主要内容,在技术上体现了技击方法,这也是武术套路发展一直所强调的。

武术套路教学不仅仅是传授技术动作,还应抓住不同拳种、器械的技击特点,对动作进行必要的讲解示范,深入分析动作结构和攻防含义,启发和加深学生对攻防动作的理解,明确动作要领,以促进教学质量的提高。同时,在教学中还应强调武术动作的劲力,没有劲力就无法体现不同拳种的技击风格,劲力与武术技术是密不可分的。劲就是功夫,法就是招法和技巧,拳谚说:"拳以劲为上,以法为贵。"因此,劲力讲求方法,劲力不同于一般意义上的力,劲力更强调人体对自身各方面力的准确控制和把握程度,劲力是一切劲法的基础。武术中的劲力方法十分丰富,总的要求是劲力顺达,忌用僵劲硬力。劲有刚劲、柔劲、缠丝劲、圆弧劲、沉坠劲、崩顶劲、劈砸劲、寸劲、化劲、合劲等;各种拳械、流派又有不同的劲力要求。通过对攻防意识的培养和劲力方法的讲示,使学生在演练时合理处理动、静、起、落、站、立、转、折、缓、快、轻、重的技术要求,准确把握劲力方法和不同拳种的技击技巧,充分运用武术攻防格斗的规律表现动作的攻防意识,突出不同拳种的风格特征。

(四)注重内外兼修,突出不同拳种的技术风格

套路运动是中国武术独特的运动形式,它是由若干个动作组合而成,通过套路演练的形式体现出不同拳种的技术风格,以提高武术套路的演练技巧和表现能力,是武术套路教学的重要特点之一。

武术套路的演练技巧是展示技术水平最直接的外在表现形式,是表现能力的综合体现。从演练技巧的角度来看,武术套路演练更多地体现在突出不同拳种的技术风格,准确运用基本技术和对劲力、协调、节奏及精、气、神的表现能力。武术套路对技术动作的要求是十分严格的,绝非简单地重复,演练时要求动作规格、方法准确,用力顺达,节奏分明,手、眼、身、法、步及各种方法协调配合。通过准确有力的外在动作"形",把内在的意识和"神"表现出

来，呈现出"心动形随""式断意连"的技术风格。同时，中国武术是在实践中形成和发展起来的，总结出了内容丰富的练功方法，"拳打千遍，其理自见""内练一口气，外练筋骨皮"，至今为世人所沿用。因此，武术套路演练水平的提高应遵循武术运动的规律，强化对技术动作的理解和提高武术意识，才能体现出"内外合一、形神兼备"的武术特点。

第三节　武术套路教学的阶段和步骤

一、武术套路教学的阶段

教师根据教学计划和内容，划分不同的教学阶段并确定各个阶段完成的主要任务。在教学实践中，各教学阶段是相互作用、互为联系的整体，具有内在的联系，它们按照一定的时间顺序合理分布。正是由于教学任务的不同和显现出的依次性、渐进性，就更应遵循运动技能形成的规律，并将武术套路教学过程划分为既联系又各具特点的教学阶段。同时，武术套路教学过程是由师生、知识（教学内容）所构成的完全动态的、脑体结合的整体。它是在教师的指导下，通过有效的途径和方法，既要使学生掌握专业知识、技术和技能，又要促进学生身心健康，从而完善教与学的过程。

由于武术套路教学是一个复杂而精细的教学过程，学生学习和掌握技术动作，都是从不会到会，从初步掌握到基本掌握，从基本掌握到熟练掌握技术动作，并达到动作机能的自动化，这个过程就是动作技能形成的过程。因此，武术套路教学同样应遵循体育教学的一般规律，结合武术套路技术动作的特点，由易到难、由浅入深、循序渐进地分阶段进行，这也是人们认识事物的普遍规律。武术套路技术教学可分为四个阶段。

（一）武术基础性教学，初步掌握动作阶段

武术基础性教学也称之为入门教学。此阶段学习的主要内容包括武术基本

功、基本动作、基本组合和基础套路的教学，基础套路的教学多以拳术为基础。初步掌握动作阶段的主要任务是通过教师的讲解、示范及有效的组织练习，使学生对基本功、基本动作、基本组合形成和建立正确的动作表象与概念，初步掌握动作运行路线、动作方向、动作名称、练习方法，明确动作规格，获得感性认识，建立清晰的动作概念。在这一阶段，学生大脑皮质的条件反射相关联系处于泛化阶段，对所学内容或相关动作很容易出现不协调、手忙脚乱等动作表现。因此，在组织练习的过程中，以引导学生抓住动作的关键技术为主，精讲多练以防止错误的出现。同时，应注重学生身体素质的全面发展，为动作掌握和技术水平的提高打下良好的基础，以适应武术套路教学训练的要求。初步掌握动作阶段应注意以下几点。

第一，重视直观示范，教师的示范动作力求规范准确，既要考虑示范的部位和方向，又要让学生从不同角度和方向清晰地观察到动作的过程、顺序、力点，使学生获得生动、清晰和准确的动作表象。

第二，教师的讲解应简明扼要，以掌握正确动作路线为主，不必过多强调动作的细节，应侧重使学生建立正确的动作概念，了解完成动作的基本方法和要领。

第三，避免学生紧张情绪和错误动作的定型，应时时抓住学生的心理，注重示范与讲解的有机结合，在强调正确动作重复性练习的同时，抓住动作难点和关键技术环节，把控学生的注意力。

第四，加强全面和专项身体素质的训练，为下一阶段的提高打下基础。

（二）熟练动作教学，熟练提高动作阶段

这一阶段的主要任务是在初步掌握技术动作的基础上，以熟练动作并逐步减少学生一些不协调和各种错误动作为主，通过反复练习和纠正，让学生加深对技术动作的理解，体会和掌握技术动作要领，逐步建立正确的动作动力定型，提高其熟练程度和动作的完成质量。同时，可根据学生的实际情况，合理

安排拳术、刀、剑、棍、枪等难度稍大的教学套路和传统项目的学习，要求掌握技术动作和不同项目的特点与技术风格。

此阶段学生对运动技能形成的内在规律有了一定的了解，动作的熟练程度不断得到提高。此阶段大脑皮质兴奋与抑制转换过程灵敏性提高，大脑皮质的条件反射相关联系由泛化阶段进入分化阶段。通过反复练习和纠正，学生能逐渐消除因肌肉紧张产生的动作僵硬、不协调的情况，表现为动作趋向熟练和连贯，初步建立了较为正确的动作感知。但动作的熟练程度并不高且不能运用自如，同时因动力定型尚未巩固，当达到一定强度或遇到外界刺激和干扰等情况时，动作很容易产生反复，甚至使已经掌握的动作技能受到破坏，往往出现不该出现的错误动作和多余的动作。因此，此阶段在建立动力定型的同时，应强调一般身体素质和专项素质的发展，以适应更高的技术要求。此阶段应注意以下几点。

第一，根据学生对动作掌握的情况进行完整示范和重点讲解，使学生形成正确的动作概念，清晰地了解动作的结构、顺序和要领，并在反复练习中得以加深和巩固。

第二，采取多种练习形式和手段，提高学生的积极参与性，及时发现、提示和纠正学生所出现的各种错误，强化正确的动作方法和技术要领，不断提高学生完成动作的熟练程度。

第三，适时引导学生开动脑筋，让学生体会动作的细节，促使动作更加熟练、协调和连贯。要求学生在练习过程中结合技术动作分析，善于总结，以加速动作技能的形成，提高学生对动作技术的理性认识。

第四，增强学生练习的信心，消除害怕和害羞的心理。鼓励学生大胆完成动作，强调区别对待、对症下药，降低学生受伤概率，帮助学生消除心理障碍。

第五，注重专项素质的发展，为技术的提高打下基础。

（三）改进与提高技术教学，提高技术阶段

这一阶段的主要任务是在学生对套路动作较为熟练和不断改进技术的基础

上，进一步提高学生动作的完成质量和表现能力。通过反复纠正和重复性的练习，学生的动作日趋规范和协调，初步建立了较为正确的动力定型。

随着学生运动技能的形成，学生大脑皮质兴奋与抑制转换过程灵敏性提高，大脑皮质的条件反射相关联系由分化阶段进入前自动化阶段。因此，教学中就应突出强调武术套路的演练技巧（劲力、节奏、协调）和动作的高质量，在反复练习和纠正，以及不断改进中逐步消除肌肉的紧张和错误动作，使学生能独立、流畅和正确地完成动作。可适当安排对练的学习和创编单练套路，并根据学生的身体素质和技术特长，逐步形成学生个人的技术特点和风格。同时，应根据学习内容适度安排理论知识的传授，以扩大学生的知识面，提高学生的理解能力。在教学方法上要注意以下几点。

第一，教学方法应灵活多样，正确地运用讲解和示范，深入分析动作细节。根据学生掌握和练习的实际情况，运用切实可行的教学方法加以指导。例如，通过重点讲示、正误对比、典型示范、提答问题、诱导等方法，不断强化正确动作，及时纠错，解决学生学习上的难点，帮助学生掌握动作细节，从而使学生准确、自如、协调地完成动作。

第二，注重教学的组织形式，让学生进一步观察和体会技术要领，提高学生的演练水平。启发学生的思维，诱导学生积极自觉地纠正和改进自己的错误动作，加深对动作的理解。在各种练习时，应要求学生把看练习、听要领、记动作同步进行。

第三，引导学生把看、听、练、想紧密地结合起来，不断启发学生的思维活动，才能让学生"熟能生巧"，从而达到提高动作质量和演练水平的效果。正确处理好量与质的关系，是改进和提高技术的关键。

（四）巩固完善技术教学阶段

巩固完善技术教学阶段，是提高学生身体适应能力的重要阶段，也是在前三个教学阶段的基础上，通过重复及强化性练习，加深学生对动作攻防内涵的理解和把控，使学生在生理机能、专项能力和心理素质等方面得以全面提高，大脑皮质建立的条件反射不断巩固。此阶段的特点是大脑皮质的兴奋过程高度集中，内抑制能力加强，兴奋与抑制在时间和空间上更加协调和准确。学生技能表现为动作快慢相兼、轻松自如，技术动作不易破坏且稳定，能在不同条件下快速、连贯、准确地完成各类技术动作，形成较为良好的动力定型。这对武术套路演练水平的提高和形成个人风格特点是十分重要的。

这一阶段的主要任务是在不断强化已形成的运动技能，完善动作技术细节的基础上，根据教学目的，加大练习的负荷，使学生动作更加的完善，能够快速、准确、轻松自如地完成动作。要求学生在动作细节上下功夫，做到精益求精，提高想象力和创新意识，并能达到稳定、自动化的程度，能在各种条件下高质量地完成单个或全套动作。在发展学生专项素质的同时，注重学生某些超前素质的发展，使学生真正形成独特的技术特点和演练风格。在教学方法上应注意以下几点。

第一，进一步强化动作细节和动作规范，突出项目特点和演练意识。

第二，加强语言信息的反馈，适时启发学生的思维，深入剖析动作的结构与应遵循的规律，采取灵活多样的练习方法，提高学生演练节奏的处理能力和形神的表现力。

第三，结合教学阶段，采用自评、互评、测验和考核等教学手段，调动学生学习的兴趣和积极性，公正准确地评定学生完成全套动作的情况，以使学生巩固和完善动作技能。

第四，注重专项身体素质和心理素质的提高。

以上阶段的划分，只是相对而言的。运动技能形成的过程不可能截然分开，而是相互联系、逐渐过渡的，各阶段教学持续时间的长短，必然会受到诸多因素的影响，既与教学方法和手段、训练水平有关，又与学生的兴趣和实际情况有着密切的关系。这就要求教师在武术套路教学中，应根据各阶段教学的主要任务，适时掌握学生在不同阶段动作技能形成的实际情况，灵活运用各种有效的教学方法和手段，使学生在学习中掌握动作，在练习中熟练动作，在纠正中改进动作，在不断巩固中提高，从而以获得更好的教学效果。

二、武术套路教学的步骤

武术套路一般由数十个动作组成，每个动作都包含着路线、方法、规格、劲力，以及节奏和"精、气、神"等武术要素。因此，在实施武术套路教学步骤时，应根据运动技能形成的一般规律，经历认识—实践—再认识—再实践的反复过程，这一过程主要是通过有效的方法和教学步骤，从易到难，使学生逐步掌握技术动作。其可分为五个步骤。

第一步，初型概念期。初型概念期是学生在教师的指导下从不会动作到学会动作的阶段。这个阶段尤为关键，它是通过教师的直观教学，使学生掌握正确的动作路线、动作名称以及动作方向。为使学生建立正确的运动表象，教师应通过准确的示范和简明扼要的讲解，使学生建立动作的基本概貌。同时，在教学中应着重强调动作的方向和路线，及时观察和发现学生在练习中出现的主要问题，有针对性地纠正和强化学生对正确动作的感性认知、理解和体会，对动作规格的要求不宜过高，否则会事与愿违，降低学生的学习兴趣，不利于教学任务的完成。

第二步，基本成型期。基本成型期是在学生基本掌握了动作的方向和路线后，以提高学生完成动作的规范和熟练性为主要任务。教师应根据教学任务和进程的需要，针对技术动作的难易程度采取不同的教学方法，逐步提高技术动作的具体要求，特别是对动作细节更应加以引导和及时纠正，避免形成错误的动力定型。同时，教师的示范领做应由慢变为正常的速度，着重强调动作的姿态、协调和动作规范。俗话说："拳打千遍，身法自然成。"通过多种形式的练习和严格要求，及时纠正错误动作，狠抓动作要领和手型手法、步型步法、身型的准确与工整，解决学生动作不协调、紧张和僵硬的问题，使学生的动作规范化，达到动作的成型要求。

第三步，连贯定型期。连贯定型期是在学生熟练掌握动作的基础上，使学生熟练、协调、连贯地完成动作。武术套路演练注重动作流畅、协调和节奏变化等方面的因素。教师要根据教学步骤和所学套路的特点、动作规格，以及节奏变化等方面的要求，进行有针对性的示范与讲解，加深学生对技术动作攻防含义的理解，以及掌握动作之间、组合之间、段落之间的衔接技巧和方法，通过反复练习和纠正，使学生的技术动作达到规范、协调、用力顺达的效果。

第四步，巩固定型期。巩固定型期是以提高学生技术水平，形成正确的动力定型为主要任务。武术套路技术动作的学习是一个积累的过程，也是一个不断练习和提高的过程，要想提高学生的技术水平，就必须使学生的技术动作达到自动化的程度。因此，在教学和训练中，教师应通过有效的组织和练习方法，对学生出现的错误动作及时纠正，严格要求，达到巩固和提高技术的目的。同时，要让学生做到在纠正中改进技术，在练习中提高技术，使所学内容得以巩固和提高，形成正确的动力定型。

第五步，内外求整期。内外求整期是使学生掌握武术动作的特点，提高演练水平。在教学实践中，教师要详细讲解动作细节，深入剖析动作的攻防含义，引导学生掌握动作劲力、节奏和风格，促进学生外在的肢体动作与内在的精神、意气的完美结合。在教师的指导下，使学生体会"内外合一、形神兼备"的武术特点和演练技巧，突出所学项目的特点和技术风格。因此，武术技术的学习和提高是一个长期而艰苦的过程，要想提高演练水平，突出武术的风格特点，教师的严格要求和引导是前提，学生的领悟和自觉练习是关键，只有勤奋、求知，才能心领神会，真正地突出武术的风格和特点。

第四节　武术套路教学组织与方法

一、武术套路教学的组织

武术套路教学的组织形式，又可称之为教学技巧或是教学艺术，它是指在教学过程中，教师根据教学任务、教学内容、教学对象，在时间、空间、人员组合等相互作用时所表现出来的课堂结构形式。在武术套路教学中，教学组织形式的合理化及多样化，能有效促进学生动作技能的形成和提高，同时对提高学生的学习兴趣、保证教学内容的顺利实施具有重要的作用。根据武术套路运动的特点，以及学生的具体情况和学生学习各阶段不同的教学目的任务，武术套路教学的组织形式可分为教师教学的组织形式和学生练习的活动形式。

(一) 集体教学

集体教学也称班级授课制，是指教师按照一定的教学目标和原则，根据教学内容，设计教学过程，统一指导全班学生练习同一内容和进度的组织形式和练习方法。由于武术套路教学的复杂性和套路动作的多变性，集体教学人数应控制在15～20人，便于教师对全局的了解和掌控。

集体教学可使教师在同一时间为全班学生提供教育，具有一定的规模效益，效率较高，有利于教师的统一指挥和教学时间、教学进程的合理控制，便于贯彻教育教学的意图和集中讲解及示范，可及时发现和观察学生的学习情况，能较好地促进学生集体观念的形成和发展。集体教学适合课的开始、准备阶段，也适用于新授课的教学、难点动作的纠正和提高、共性错误的讲示和纠正。在集体教学时应注意以下几点。

第一，集体教学过程中应加强课堂纪律教育，强化学生的自觉性。

第二，讲解应简明扼要，示范领做准确，口令洪亮，指挥要恰当。

第三，新授教材教学时，以掌握动作路线、名称和方向并保持一定的队形为宜。

第四，集体教学中运动量应适中，把教师的讲解、示范、正误对比等有机地结合起来。

(二) 分半教学

分半教学法是指教师根据教学实际需要，将教学班分成两半，以轮换的形式进行教学。教师先指导一半的学生学习新授教材，另一半学生由教师布置任务和内容，让学生进行练习或复习，然后两组轮换。这种形式一般用于学习较为复杂的技术动作或场地器械不足时的教学。

分半教学有利于教师充分指导小组学生进行学习，便于教师的讲解和示范，能提高学生学习的兴趣和主动性。但由于分半教学教师只能局限于所教的一半学生，不可能顾及整个班级，所以对另一半学生就应提出明确的要求。分半教学时应注意以下几点。

第一，教学时间应对等，指导一半学生时，也应观察和兼顾另一半学生的活动。

第二，合理布置练习内容和任务，提出具体要求。

第三，发挥骨干学生的作用，指定骨干学生负责另一半学生的练习。

（三）分组教学

分组教学是教师根据教学需要，把教学班分成若干个小组，每组布置明确的任务和内容，并进行依次轮换的一种练习形式和方法。分组教学的人数应控制在 5～8 人。分组教学可分为两种：一是分若干组按指定场地练习；二是单排练习，多排观看，教师纠错，轮换练习。

分组教学有助于培养学生间的团结互助及合作精神，形成良好的人际关系；有利于发挥骨干学生的作用，激发学生的主观能动性，强化理解，开阔思路，培养学生发现问题、解决问题和独立思考的能力。同时，能有效地节省教学时间，既能对个性问题进行重点纠正，区别对待，又能保证重复练习的次数和一定的运动负荷。但由于分组教学时间相对较长，所以对学生的自觉性和纪律等方面应提出明确的要求。分组教学时应注意以下几点。

第一，任务的布置要明确、恰当、合理。

第二，合理安排分组的人数和练习负荷。教师在分组教学或安排分组练习时，首先对各小组练习的地点、轮换形式及练习的次数均要提出明确要求；其次应观察各组的练习情况，以保证学生练习和教学的质量。

第三，有目的地培养骨干学生。培养有一定基础的、接受能力强的骨干学生，让他们在各组练习中发挥其引领、管理、指挥、督促和带头作用。

第四，及时了解各组的练习情况，保证教学的秩序。教师应时时掌控和观察各组的练习情况，有目的地对各小组进行必要的辅导，抓两头、带中间，对自觉性差的学生应及时提醒，对认真练习和自觉性较高的学生应及时给予表扬，树立典型。

（四）个别教学

个别教学是指教师根据教学实际情况和学习内容，因人而异地给学生布置练习内容，提出明确要求，在一定时间内进行个别辅导，为每个学生提供最佳的教学支持，它是一种有针对性、因人施教的教学形式和方法。

个别教学有利于学生的个性发展和自觉性、独立性的形成，便于培养典型和骨干；能及时纠正个性问题，使每个学生都能得到足够关注，尊重学生个体的差距，具有因材施教的特点。但由于个别教学是有针对性的教学，不可能全面照顾，所以对学生独立思考和自觉练习提出了更高的要求。个别教学时应注意以下几点。

第一，布置的任务要明确，要求应具体。在个别教学过程中，教师不可能只对一名学生进行辅导，还必须顾及全班学生。这就需要教师在安排个人练习时，应合理安排好群体的活动，充分发挥技术能力强和骨干学生的作用，有意识地培养学生独立思考和自我练习的能力。

第二，抓重点、带一般，在重点辅导个别学生的同时，兼顾全班活动，严明纪律。

第三，在个别教学时，针对性要强，要及时纠正存在的问题，使学生有所收获。对学生的点滴进步要及时给予表扬，提高学生的练习热情和兴趣。

第四，合理安排学生练习的强度与负荷。对学生实际的情况要了解，这样才能科学合理地安排学生的练习强度和负荷，防止学生因疲劳而出现不必要的动作错误和受伤的情况。

二、武术套路教学的方法

武术套路教学方法，是指教师在教学实践中为实现教学目标和完成教学任务，运用技术性的活动手段，向学生传授武术知识和技术，有效提高学生的技能，发展学生各种能力所采用的手段和途径。为了在有限的时间内，把教学内容顺利地转化为学生的知识和技能，使学生身心得到全面发展，教师必须科学、合理地运用教学方法，它是完成教学任务的重要手段和有效途径，对提高教学质量和学生学习的兴趣有着十分重要的意义。而教学方法必须根据教学任务、教学内容、教材特点、教学条件和学生的实际情况来确定，力求做到以任务为目标，以方法为途径，采用灵活多样、行之有效的教学手段保证教学任务的完成。因此，教法适当，学生就能较为顺利地掌握教学内容；反之，学生不仅学得慢，甚至会出现错误的动力定型，导致学生的学习兴趣下降。重视研究和运用教学方法，不仅对学生学习兴趣、教学质量、师生双方的作用至关重要，也是武术教学工作者所面对的一个极为重要的课题。

武术技术课的教学方法较多，可归纳为以下几种：直观教学法、完整法与分解法、语言法、预防与纠正错误动作法、练习法、比赛法等。各种教学法又包括一些具体方法。

（一）直观教学法

直观教学是武术套路教学中最为常见的一种教学方法。直观教学法是教师在教学中利用或借助肢体动作、语言、挂图和现代教学设备等进行具体、形象的教学的方法。教师采用直观教学法，引导学生仔细观察，可以使学生获得感性认识和直观的体验，从而掌握所学的知识和技能。直观教学法主要包括动作示范、挂图和多媒体教学。

1. 动作示范

动作示范是武术套路教学中最基本、最常见的一种直观教法，也是最易被学生所接受的方法，常使用在技术初学阶段和技术改进阶段，是形成正确动作技能必不可少的教学步骤。它主要是通过教师准确、规范的动作示范，使学生借助视觉器官在头脑中建立起正确的动作表象，以了解所学动作的形象、结构、要领、方法和动作各部位的时间与空间的关系等。规范并富有感染力的动作示范，是将教学内容变为最直观的形象，可以使学生以感性认识来获得正确的动作概貌，提高学习的效率，还能使学生产生浓厚的兴趣，树立学习的信心，提高学生的观察能力，调动学生学习的积极性和求知欲。动作示范具有形象、具体和直观的特点，仍是武术套路教学的主要手段和行之有效的教学方法。为使学生能更全面地感知和观察教师的示范动作，突出示范的目的，取得良好的效果，应注意以下几点。

（1）示范要准确、规范

示范是体现教师技术能力和教学水平的重要方面，在教学过程中教师的示范应吸引学生的注意力，切实保证动作的质量，并做到规范、协调、流畅，从动作的路线、动作力点到身体的配合等都要做到准确无误。

（2）示范要有目的和针对性

教师示范的目的是使学生通过直观的感性认识，让学生观察到动作的过程和细节，形成清晰的、正确的概貌。首先要根据教学需要针对学生学习的实际情况进行示范，其次是根据教学阶段和目的进行示范。

（3）示范位置的选择

示范位置和方向是获得最佳示范效果的重要因素，能够对示范效果产生直接的影响。因此，示范位置的选择应根据授课班级的人数、场地及队形、示范动作的结构与要求，确保每个学生都能全面、清楚地观察到教师的示范。示范位置有以下三种。

①三角顶点示范：教师站在横队的等边三角形的顶点。

②中间示范：教师站在学生队伍的中间。

③斜前方示范：教师根据动作的转化站在前进方向的左或右前方。

（4）示范面的运用

示范面的运用，是教师根据套路动作的结构和示范部位的不同，以及教学任务、步骤、难点和学生的实际情况，采取不同的示范面进行教学。示范面可分为正面、侧面、背面、斜面和镜面等。合理地使用示范面不仅可以让学生对动作观察得更仔细，而且有利于学生更好、更快地学会动作，提高学习效率。一般情况下，可选择以下的示范面进行教学。

①正面示范：凡是用于额状面内运动的动作，如并步对拳、马步盘肘等。

②背面示范：凡是在进行体侧动作教学时采用，如弓步冲拳、乌龙盘打等。

③侧面示范：凡是在体前和身体正向行进的动作，如正踢腿、蹬腿、弹腿等。

④斜面示范：凡是介于正面和侧面之间的动作，如侧踢腿、抡臂跑等。

⑤镜面示范：凡是身体侧向行进的动作，如提膝穿掌、仆步穿掌等。

在教学的实践中，示范面是根据动作的难易程度而变化的，对一些比较复杂的动作，可采用多种示范相结合的示范方法。例如，又步亮掌侧踹腿，可采取正面示范看手型，侧面示范看清整个动作，注重分解或重点进行示范。

（5）领做示范

领做是武术套路教学中"教"与"学"的双边活动，也是教师的示范与学生的模仿同步进行的教学方法。教师的领做示范有助于学生在学习新技术的过程中，易记、易做、易懂，缩短学习时间，提高学习的热情。领做示范时教师应注意示范的位置与示范的速度。

①领做示范的位置。武术套路教学中通常采用长方形体操队形和集体练习的形式组织教学。教师在领做示范时应根据套路动作的运动方向、授课队形和

组织形式来选择最佳的示范位置，一般应位于学生的左、右前方或正前方，以不使学生回头看为原则。因此，在教学中，教师领做示范的位置是随时变换的，在随队形进行教学的情况下应保持适当的示范距离，使学生尽可能地观察到教师的领做示范，以便学生模仿，掌握动作路线、方法和姿态，为学生的学习提供有利条件。

②领做示范的速度。在教学中，教师领做示范的速度应根据学生的实际水平和接受能力而定，通常在新授动作、难点动作教学时采用慢速或分解示范，以便学生清楚地观察到动作的路线和方向，并能跟上教师的示范节奏，给学生提供一定的模仿时间。同时，对动作规格的要求不宜过高，以学生学会动作为主要任务。随着学生熟练程度和技术水平的不断提高，可逐步过渡到中速或正常速度进行示范，并通过适当的语言刺激加深学生对动作的记忆。

③领做示范的步骤。武术套路是由数十个不同的动作所组成的，这给武术教学和学生的学习带来了一定的难度。因此，在武术套路教学中，应根据套路动作的难易程度、教学对象和学生的接受能力，有计划、有步骤地进行。通常运用领做传授一个教学套路时，应先按动作结构的难易程度和套路动作的基本顺序，将全套动作由浅入深、由易到难，或由重点到全面地划分为若干个段落（或按套路的自然段落），然后在此基础上增加教学层次，确定领做的步骤。领做步骤有如下几种。

拳术套路练习：难点动作教学（上肢→下肢→上下肢配合→身体等协调配合）→一般动作教学（上下肢配合＋身体、头、眼神等协调配合）→组合动作连接→分段动作连接及动作路线→全套动作连接及动作路线→全套熟练自如。

器械套路练习：徒手练习基础上→熟悉器械→基本动作与器械配合→难点动作教学（上肢→下肢上下肢配合→身体等协调配合）→一般动作教学（上下肢配合→身体、头、眼神等协调配合）→组合动作连接→分段动作连接及动作路线→全套动作连接及动作路线（身、械配合协调）→全套熟练自如。

（6）言传身教，示范与讲解结合运用

示范和讲解是教师必备的教学能力。武术教学本身就是一种实践性教化，这种教化实质是教师的"言传身教"。我们仅从"传授"和"学习"来看，"身教"即教师的示范，主要是借助于视觉器官的作用，以直观、形象思维为主促使条件反射的形成与发展，它能更好地展现讲解内容，易于收到感知动作形象的效果。"言传"即教师的讲解，生动形象的讲解是通过语言作用于听觉器官的直接方式，可以更好地突出示范的重点，揭示动作的内在联系。示范和讲解的结合是教学中结合最为紧密也是最有效的教学方法，不仅可以使学生通过视觉直接模仿动作，而且可以通过教师简明扼要的语言刺激，让学生进一步明确动作要领和关键环节，使直观表象和思维活动有机地结合，这种视听一体、体脑并用的方法，对教学效果至关重要。在教学的实践中教师应考虑学生的具体情况，有针对性地将示范和讲解相结合。一般情况下，对技术水平和接受能力较差的学生应以示范为主，讲解为辅；对技术水平较高的学生应以讲解为主。因此，示范与讲解结合的方式，应随学习或练习的内容及学生水平的高低等而有所变化，以吸引学生的注意力和促进动作的掌握为原则，规范、准确的示范和精练的讲解相结合才能实现最佳的教学效果。

2. 图解和多媒体教学

图解教学和多媒体教学是现代武术套路教学中深受学生喜爱的教学手段，它可以加深学生对套路动作的感知，激发学生的学习兴趣，提高课堂教学效果。

（1）图解教学

俗话说："一图胜千言。"图解教学是武术套路教学中最直接、最简便的教学方法，主要是在学习前或学习后，教师利用教学挂图将教学内容展示给学生进行观摩，学生通过挂图了解动作路线、动作要领及易犯错误等。

（2）多媒体教学

随着现代科技的发展，多媒体教学已越来越广泛地运用于体育教学之中，它与传统的教学相比，具有多方面的优势，它集视听为一体，对提高教学质量有着十分重要的促进作用。多媒体教学是教师根据教学需要，将教学内容或套路动作通过计算机的处理、编辑后，以单独或合成的形态表现出来的技术和方法，是教学和训练的有效手段之一，成为教学手段现代化的一个主要标志。

多媒体教学不仅可以用于新授套路的学习，而且能更深入地剖析技术动作的细节，有助于学生提高感知认识，建立正确的动作概貌，使学生通过正常或快、慢速度的演示对比，充分掌握动作的结构、过程、要领，深入了解技术细节和过程，缩短泛化过程，快速掌握学习内容，特别是对较为复杂的跳跃动作、难度动作及攻防技术，能提供更为生动、形象的直观方式，有助于加深学生对套路动作的理解，使学生更快更好地领会技术动作的要领和全套动作的节奏变化、风格特点等。恰当地运用多媒体教学，可丰富教学内容，能把学生的认识过程、情感过程和意志过程统一到教学之中，对激发学生的学习动机，调动学生的兴趣，以及提高学生掌握动作的效率和教学质量，有着重要的现实意义。多媒体教学将以形象、再现和高效的表现形式，有效的交互能力，灵活多变的特点在武术套路教学中得到更为广泛的运用。

（二）完整与分解教学法

完整与分解教学法是武术套路教学中最基本的教学方法，完整法与分解法具有不同的作用和效果。因此，在教学的实践中教师主要是根据学生的接受能力、专业基础和动作的难易程度，采用不同的教学方法。

1. 完整教学法

完整教学法是从动作起始，完整而连贯地进行教学和练习的方法。完整教学法可使学生了解单个动作的全貌，建立整体性的形象、结构和动作概念。而掌握完整技术是教学的目的，在武术套路教学中应不失时机地采用完整教学法。其缺点是对于比较复杂或难度较大的动作，学生不易掌握动作的难点和细节，缺乏教学的层次性，也难以达到教学的要求。因此，运用完整教学法应考虑学生的实际水平和接受能力，以及动作的难易程度，以达到教学目的。在下列情况下可以运用完整教学法。

第一，在传授新动作前，可使学生对所学动作有个初步了解。

第二，动作结构简单且易掌握的动作。动作结构简单，采取完整教学法可使学生连贯而完整地掌握动作技术，如分解得过多会破坏动作技术的完整性，不利于学生动作的学习和掌握。

第三，对有一定武术专业基础的学生教学时。武术运动的实践证明，学生武术专业基础的好坏建立在实践的基础上，基本技术动作掌握越多，技术动作的运用就越熟练而协调，学习和掌握新的技术动作也越快。对于武术专业基础较好的学生，可以采取完整教学法，有利于节省教学时间，使学生有更多的时间进行练习，以提高学生的技术水平。

2. 分解教学法

分解教学法是按照动作的技术特征和动作结构的内在关系，将完整的动作分解成若干环节或按身体的活动部位进行教学的一种方法。分解不是目的，只是教学的手段，其目的是让学生更好地掌握完整技术。因此，分解教学有助于学生观察和掌握动作的细节，对所学动作的各部分建立较为清晰的动作概念，减轻学生学习的困难，可以使复杂动作简单化，易于学生更好更快地掌握，达到教学要求。在下列情况下可以运用分解教学法。

第一，动作结构复杂和方向路线变化多的动作。动作结构的复杂性是由其包含因素的多少所决定的，对难度较大且路线变化多和不容易掌握的动作，在划分动作各环节教学时，应遵从人体运动的规律和动作结构特征，使分解便于动作的衔接和连贯。

第二，具有一定攻防含义，且包含较多攻防因素的动作。武术套路中绝大部分动作都包含一定攻防含义，为使学生更清楚地了解和掌握这类动作，可按攻防动作的多少进行分节教学，重点强调各环节重点，便于学生对攻防动作的理解和掌握。

第三，富有顿挫、劲力和节奏变化较强的动作。武术套路中十分注重动作完成过程的轻重、快慢和顿挫等变化，而学生对顿挫性动作的掌握程度，直接影响其肢体动作的表现力和节奏变化。因此，这类动作运用分解教法，其目的就在于使学生深入了解和掌握该类动作在什么地方该顿、该挫，以加强动作的节奏。此类动作可按顿挫小节进行分解。顿挫性的动作一般要有三个因素：①在一个动作里，含有轻重之分的因素。②在一个动作里，含有突然改变方向的因素。③在一个动作里，含有进攻和防守之分的因素。

使用分解教学法时，要注意动作相对的完整性，不宜将动作分解得过于零碎，重视分解的合理性和技术环节之间的有机衔接。同时，合理运用分解教学法的目的是让学生更好地掌握完整技术，因而分解教学时间不宜过长，应尽快地过渡到完整动作，使学生能够更快地建立动作的整体概念。在武术套路教学中通常采用完整—分解—再完整的原则，注重分解教学与完整教学的有机结合，使学生通过分解教学更好地掌握动作的细节和变化，通过完整教学使学生了解动作的全貌。总之，分解教学与完整教学是相互联系的，只有合理运用这两种教学法，才能使学生从简单动作扩展到复杂动作，从组合动作扩展到分段动作，最后掌握全套动作。

（三）语言法

语言法是指教师运用各种形式的语言达到传授知识，指导学生掌握技术、技能和进行练习的一种教学方法。简明而风趣的语言对学生顺利完成武术套路教学任务具有重要的意义，它不仅能使学生明确教学任务，端正学习态度，加深对教材的理解程度，同时还能调节课堂气氛，沟通师生情感，让学生了解武术文化的内涵，提高学生学习的兴趣，启发学生的思维，培养学生分析问题和解决问题的能力。

1. 讲解

讲解是指教师用生动形象的语言向学生阐明动作路线、名称、方法、要领和要求等的一种教学方法。因此，讲解是武术套路教学中最常见和最重要的教学形式，简明扼要、通俗易懂、富有启发性的语言，不仅能指导学生进行学习，激发学生的思维，帮助学生建立正确的动作概念，而且可使学生领悟武术文化的内涵，并受到启发和教育。因此，讲解是示范的抽象与深化。

（1）讲解的内容

①讲解动作名称。动作名称是学生学习技术动作最先接触到的，是按动作结构和技术特点形成的。技术动作的名称有许多，如仆步搂手、缠腕冲拳、燕式平衡、弯弓射虎等。

②讲解动作的路线。讲解动作路线是使学生对所学动作的运行路线和方向有一个清晰的了解和印象，有助于学生对动作的掌握。

③讲解动作的规格与要求。讲解动作规格主要是使学生了解和掌握动作的基本规范及要求，它是学生学习和掌握技术动作的关键。通过讲解可使学生进一步明确动作的标准和规格要求，有助于学生技术的掌握和提高。

④讲解动作的基本规律。讲解动作的基本规律是对一些常见的且带有一般规律的动作和基本方法进行必要的讲解，有助于学生加深动作记忆和更好地掌握动作。

⑤讲解动作的关键环节。讲解动作的关键环节具有画龙点睛的作用，能使学生对动作的关键环节产生深刻印象，帮助学生正确地掌握动作。

⑥讲解动作的攻防含义。讲解动作的结构和攻防方法、着力点、打击部位等，能启发和加深学生对动作的理解与掌握，有利于教学质量的提高。

⑦讲解动作易犯的错误。讲解学习过程中较为常见或易犯的错误，可以提

醒学生在学习和练习过程中避免这类错误的发生，也便于及时纠正错误。

（2）讲解的方法

①概要化讲解。是教师根据武术动作的要领和规律，对归纳出的技术要点所进行的讲解。例如，弓步的动作要领可归纳为"前腿弓、后腿蹬"，弓步冲拳"一蹬、二平、膝垂直"（一蹬是后腿蹬直，二平是冲拳平肩和前腿成水平，膝垂直于地面）。这种概要式讲解简单明确，既能提示动作要领，又便于学生的记忆。

②提问式讲解。是教师针对学生完成动作的情况向学生提出问题并进行讲解。先提问后讲解的方法，既能启发学生的思维，强化正确的技术要领，又能培养学生发现问题的能力和语言表达能力。

③术语化讲解。术语是武术的专门用语，具有简明扼要的特点。术语化讲解是指根据动作名称和归纳出的动作要领所进行的讲解，如"弹腿冲拳""弓步盘肘""沉肩坠肘""寸劲"等。术语化讲解是一种简明扼要且减少讲解时间的有效方法，有利于学生对动作规格的了解和动作的掌握。

④口诀化讲解。武术口诀是根据动作顺序或动作要领进行高度概括，编成的顺口而押韵的简短语句，如抡臂"顺肩、拧腰、臂伸直"，勾手"五指尖尖紧撮牢，尽量屈腕似镰刀"。口诀化讲解通俗易懂，其生动性、准确性既能突出动作的要点，又便于学生对动作的理解、记忆和掌握，能够调动学生学习的热情和主动性。

⑤单字化讲解。单字化讲解是把动作过程的关键环节归纳、总结为简练准确的单个字进行讲解。例如，旋风脚摆臂、屈膝蹬地跳起、转体、里合击响的过程，可以归纳为"摆、蹬、转、拍"。单字化讲解既能节省讲解时间，又突出了动作的难点，有利于学生对动作的难点信息进行准确的把握。

⑥形象化讲解。形象化讲解是用武术动作的"型"（形象或形态）比喻常见或熟知的自然现象。例如，太极拳动作"迈步如猫行，运劲似抽丝"，长拳技法"拳如流星，眼似电"，仆步穿掌犹如"燕子抄水"一般。形象化讲解给

学生以联想和想象的空间，有利于学生对动作的掌握。

（3）运用讲解法时应注意的主要问题

在武术套路教学的实践中，应突出学生的学与练，教师所处的教学环境远比一般的室内教室更复杂，这就对武术套路教学的讲解提出了更高的要求，教师在具体运用讲解法时，就应注意以下几点。

①讲解要有目的性。教师在教学中的讲解必然有其针对性，这种针对性就是要有明确的目的和指向，即针对教学任务和要求、教学内容的重点和难点、学生学练存在的问题等方面进行切合实际的讲解，讲解内容必须讲求科学性和启发性，时时启发、引导学生的学习。

②讲解要有启发性。启发学生学练的动机、兴趣和自觉性等。在讲明学习目的、意义和要求时，引导学生端正态度，激发学生的热情。在学习和练习中，可采用示范、对比、提问等方式，使看、听、练、想有机地结合，具有较好的启发作用，可起到学有目标、练有动力、举一反三、触类旁通的效果。

③讲解要有专业性（把控性）。专业性是根据武术教学的需要，所讲内容要符合武术运动的特点和规律，且是科学的、正确的，不夸张、不庸俗。

④讲解要灵活运用术语。根据教学需要灵活运用武术术语或口诀，术语或口诀是实现专业技术信息交流的专门语言，它指示着动作技术的内在联系与规律。在运用术语或口诀的基础上，根据学生的练习情况，可配合使用一些形象化讲解，做某些描述或比喻，启迪学生的联想思维。

⑤讲解要简明扼要。教师对技术动作的讲解应简明扼要，突出重点和关键环节，揭示动作结构的内部联系。对技术动作的讲解可按不同教学阶段分别进行讲解，一开始时进行概括性的重点讲解，对技术要领的讲解可分层逐步交代，随着动作程度的熟练和提高，可进行补充性或提示性讲解，对错误动作的纠正或技术分析性讲解，都应根据教学阶段和学生的技术情况，有针对性地提出更高的要求。也可把技术重点合理地编成口诀进行讲解，便于学生记忆和加深印象。

⑥注意事项。讲解要注意符合学生的年龄特点、知识基础以及认知能力。易懂、易学、易记是十分重要的。

总之，讲解法是武术套路教学的重要方法，在教学实践中讲解法的适时运用，是教师教学能力和教学艺术的具体体现。因此，教师在教学中要善于观察、善于总结，这样才能不断地有所发现和创新。

2. 口令的运用

口令是教师常见和最为有效的教学方法，它是按照一定的程序，多以提示性或简短的术语下达的口头命令，是组织学生、指挥学生和练习的重要手段，特别是当学生已基本掌握动作的路线和方向时，教师可灵活运用口令指挥学生练习。口令指挥克服了"讲多练少"的缺陷，可使学生有更多的时间进行有效的练习。有节奏且洪亮的口令指挥，不仅能提高学生的注意力和学习热情，而且能使学生在练习的同时获得与"讲"一样的信息，达到改善课堂环境、提高教学质量、提升运动技能的目的。

（1）口令的种类

①常用口令。这种口令即一动一个呼号。例如，有些动作需要分解两个或两个以上的动作连贯练习时，可在原来一动一拍的基础上呼附加口令。口令的运用应根据练习动作有语气上的变化，口令指挥要洪亮有力。

②提示性口令。这一口令提示的主要是动作名称或要领，它是在学生练习过程中，教师运用简短、明确和有力的语言信号对学生的练习及时给予提示和进行启发提示。运用提示性口令时，预令与动令之间要留有学生思考的时间，时间的长短要根据实际情况而定。

③分解动作的口令。在武术套路练习时，有一些动作需要分解为三个或四个小节来完成，以帮助学生掌握该动作在套路中所占的时间与节奏，常辅以分解动作的节拍口令。

④综合性口令。根据学生掌握动作的情况和教学任务的需要，在练习过程中可综合运用各种口令。例如：强化学生动作规格时，可用常用口令；培养学

生动作节奏感时，可用快慢相间的不等节拍口令；提高学生动作熟练程度或提示动作方向、劲力时，可运用动作名称"简化单字"的提示性口令，还可以只提示，不呼口令，如走、快、停、缓、转、跳等呼号与单字结合。

（2）口令的要求

①口令要清晰准确、声音洪亮，要有一定的震撼性和指令性。

②口令的运用要熟练、准确、果断，使学生能闻声而动，从口令感到振奋和鼓舞。

③口令要与项目和动作的特点相一致，有长有短、有刚有柔、抑扬顿挫、节奏鲜明。

④发出的口令要雄浑有力，使学生感到严肃、明确而有感染力。

（四）练习法

武术套路练习法指根据教学任务，在教师指导下，有目的地使学生通过身体和思维活动对教学内容进行反复练习的方法。采用练习法不仅能使学生通过切身体会和实践性练习，逐步学会、巩固动作，形成正确的动力定型，而且可以迅速、正确地掌握教学内容。所以，练习法是完成套路教学任务的基本方法。武术套路教学中通常采用的练习法有重复练习法、变换练习法、循环练习法、综合练习法、念动练习法等。

1. 重复练习法

重复练习法是根据练习任务的需要，在相对固定的条件下，不改变动作结构和运动负荷，按动作要领和规范要求进行反复练习的方法。例如，按动作规格要求和标准，以固定的速度重复练习。它的特点是练习条件相对固定，练习的间歇时间没有严格的规定。主要作用是有利于教师的观察，使学生在实践中更清晰地体会动作要领，改进错误动作，在反复练习中快速掌握和巩固动作技术，锻炼身体，发展体能，培养意志品质。因此，采用重复练习法要立足于学生的特点和实际情况，目的要明确，练习要求要切实可行，并根据单个动作、组合动作、分段动作的难易程度，合理安排练习的次数、负荷和强度，以及间距时间，防止错误动作的出现。

重复练习法又可分为连续重复练习法和间歇重复练习法两种。

连续重复练习法，是指练习之间没有间歇，持续不断地重复练习。它常用来巩固提高基本功、基本技术、基本技能和发展专项耐力素质，如行进间的各类腿法、各种步型步法、跳跃动作，以及难点动作、组合动作和分段动作等。连续重复练习法不仅有利于加速动作条件反射的形成和巩固，而且对加强身体锻炼，提高神经系统和心肺系统的机能，发展灵敏、协调和力量素质，以及培养坚定的意志力等都有重要的作用。在教学的实践中，教师应充分了解学生的具体情况和机体承受能力，把控好练习强度和密度的关系，合理控制学生连续练习的时间和重复次数，应依据学生承受运动负荷的能力而定。

间歇重复练习法，是指在练习过程中，对所安排的练习内容及数量有相对固定的间歇时间，断续进行练习的方法。例如：长拳半套重复练习，规定重复练习的间歇为 2~3 分钟；一定数量的专项身体素质重复练习，间歇为 1~2 分钟。此练习主要是对间歇时间施以适当的控制，以提高练习内容的质量和身体素质。而间歇时间的长短，应取决于教学任务和练习性质，以及学生的具体情况，以防止学生疲劳过度为原则。

在武术套路教学中，通常将连续和间歇练习法结合运用，其收效较大。

运用练习法时的注意事项：

第一，练习中对学生分组的人数应保持适中，人数过多或过少过都会影响练习效果。一般来说，如果学生基础较好，那么在教学练习中，每组人数不宜超过 5 人；如果学生基础稍差且套路技术动作难度不大，那么在教学练习中，每组人数不宜超过 10 人。

第二，重复练习法要有明确的针对性和目的性。如果课的任务是为了提高专项耐力和身体素质，可采用连续重复练习法；如果课的任务是为了巩固提高学生套路演练的熟练性和技术水平，可采用间歇重复练习法。在新授教材或初步教学阶段，主要目的是使学生建立正确的动作概念和体会动作要领；在巩固完善动作技术阶段，其主要目的在于进一步改进提高动作质量，形成正确牢固的动力定型，而这正是重复练习法的主要功效。

第三，应合理控制练习的强度密度，以及重复练习的组数和间歇时间。在新授教学内容的练习中，强度不宜过大，以免影响学生掌握正确技术。如以提高学生专项耐力为主，学生技术比较熟练且动作较规范，可适当加大学生练习的密度。如果教材内容难度不大，则应提高练习的次数，缩短练习的间歇时间，使学生有更多的时间进行练习，体会动作要领。

2. 变换练习法

变换练习法是根据课堂练习任务的需要，有目的地变换学生练习形式和条件的一种方法。例如：改变练习环境和场地、器械的重量；练习负荷大小的变化；变换技术要素，根据需要，可改变动作技术的某一要素，如速度、幅度、姿势、角度等。变换练习法以变换练习条件为主要特点，对提高学生机体的协调能力和练习的适应能力，以及掌握动作技术、提高技术水平等方面都有较好的作用。因此，在运用变换练习法时应有较强的针对性，合理安排动作学习，改进和提高技术时，应对变换的条件和练习内容做出明确的规定，使练习效果符合教学的要求。例如，进行跳跃动作练习时，可采用两人一组托举辅助的练习形式，一人托举，一人练习，在提高学生腾空高度和时间的情况下，使学生有充足的时间完成空中动作，体会跳跃空中的技术要领。

3. 循环练习法

循环练习法是根据练习的任务，有目的地选定几种练习手段并设置相应的练习点，让学生按照规定的练习顺序、路线和练习要求，逐个逐点依次循环练习的方法。循环练习法的方法有多种，而在教学实践中最常见的是依次循环和分组轮换两种。

依次循环练习，是按照练习前所规定的练习顺序、路线和要求，让学生排成一路纵队依次进行循环练习。分组轮换循环练习，是以分组轮换的形式进行练习，一组按要求完成所规定的循环练习后，另一组再进行练习。

循环练习法既是武术套路教学的组织形式，也是常见的练习方法。其特点是能最大限度地利用授课时间和场地，提高课堂练习的强度和密度，促进身体素质和体能的发展，充分发挥学生的主体作用，激发学生练习的积极性和竞争意识，有助于学生提高和巩固动作技术。因此，安排循环练习时应根据教学任务的需要，以及教学对象和教学条件的实际情况，合理有序地设计循环练习内容。

4. 综合练习法

综合练习法是综合运用某些练习法的特点而组合出的一类练习方法。在教学实践中，综合练习法并没有固定的练习形式，应根据练习任务的需要和学生的实际情况，合理有效地运用某种练习方法和手段，以及合理安排练习强度和密度，使之符合教学要求。它的作用是多方面的，既有利于学生更好地掌握、巩固技术动作，培养学生综合运用技术的能力，提高学生的训练水平，对规范课堂纪律和培养学生的意志品质等方面都有十分重要的作用。综合练习法最显著的特点就在于它具有较大的灵活性和适应性，运用此法必须注意练习手段、间歇时间、练习强度及练习程序的安排。

常用的练习法有以下几种。

（1）个人练习

个人练习是培养和提高学生练习的自觉性、积极性，以及套路演练能力的一种方法。在教学的实践中有利于因材施教和纠正个别动作，同时还能培养学生的思维能力和独立体会动作的能力。在进行基本功、基本动作和套路练习时，可以采用个人轮流练习法，通过观摩达到相互学习、相互促进、取长补短的目的。

（2）分组练习

分组练习是将学生分成若干个小组，教师提出具体要求，由教师或学生骨干组织练习的一种练习形式。它不仅能节省时间，保证练习的数量与质量，还能有效提高学生的运动负荷，为学生提供更多相互观摩和学习的空间，培养学生团结互助的精神。此练习有利于教师统揽全局，抓住共性，督促和提示各组学生自觉完成练习任务。

（3）集体练习

集体练习是学生在教师统一组织和指挥下进行练习的一种形式。它要求教师及时观察学生在练习中所出现的错误，做到有错必纠、有错必讲，讲示结合。其显著特点是统一指挥、统一行动，有令则行、无令则止。此练习有利于培养学生顽强的意志品质和集体主义精神。在教学中，教师应根据教学任务提出具体要求，采用不同的练习形式进行教学，使课堂教学形式多样，生动活泼。

5. 念动练习法（又称想象练习法）

念动练习亦称想象练习，是指学生在练习中有意识地控制头脑中所形成的动作表象，反复在想象、思索中进行练习的一种方法。它可使学生在较短的时间内加速动作技能的形成，提高动作的熟练程度，加深学生对动作的理解和记忆，促使学生更好地掌握技术，提高学生练习的兴趣。

念动练习法是心理练习的一种，其特点是学生通过对已学动作的想象和体验，能够对动作的过程和要领有更清晰的认识。念动练习法正是通过回忆式的思维活动和积极性的练习，加深学生对技术动作的理解、掌握和巩固，进而改善动作的协调性和准确性。此外，念动练习还具有不受场地、器材、时间的限制，可随时进行练习，简便易行的特点，能提高学生的思维能力和熟练完成动作的能力，有利于建立和巩固正确的动力定型。想象得越具体、越细致，效果就越好，这是取得念动练习效果的一个重要因素。在采用此教法时应注意以下几点。

第一，念动练习应有一个适宜的环境，良好的内外环境对练习效果具有积极的作用，内外环境越好，越有利于学生全神贯注地进行练习和想象能力的发挥。

第二，念动练习要和实际练习相结合。念动练习不是进行凭空想象，它是建立在已学动作的基础上，通过回忆和对比想象与本体感觉相结合，对于形成动作表象、提高动作的熟练性和精确性具有良好的效果。

第三，准确而完美的动作表象是念动练习效果的关键。念动练习应是想象中最理想或最完美的动作，而不是错误或想象失败的动作。

第四，全神贯注是念动练习的前提。进行念动练习或想象练习时，应精神集中，排除干扰，把注意力和想象力集中于正确动作的形象，有助于加速学习动作过程，以加深、熟练和巩固动作，提高教学效果。

在武术教学中，念动练习只是一种辅助的练习手段，其目的是让学生更好地掌握教学内容，提高运动技能。因此，在武术套路教学中应时刻注重学生能力的培养，既不能光想不练，也不能光练不想，要贯彻精讲多练、想练结合的原则，才能取得好的效果。

（五）比赛法

比赛法是指在近似、模拟或真实的比赛条件下，按比赛规则和方式进行训练的方法，也是武术套路教学中运用较广、效果较好的一种教学方法。在教学的不同阶段，教师根据教学任务和要求，以及学生技术掌握的实际情况，在制定比赛标准和要求的前提下，可采取适宜学生的比赛练习形式，一般可采取个人比赛、分组比赛、推选学生代表等形式进行教学比赛。这种比赛通常由教师直接评分，亦可由学生评分，或采取两者相结合的形式进行评分。由于比赛法所具有的"竞争"性是普遍存在的，学生往往比平时教学练习时更为认真和全力以赴，同时还要克服紧张的情绪，这对学生的体能、技能、心智能力等方面提出了更高的要求，并能有效地提高学生练习的兴趣，促进学生技术水平、竞争意识和身体素质的提高。教师在教学中应特别重视比赛法的运用，并注意以下几点。

第一，比赛法的复杂程度和比赛规则的制定，要符合学生身心发展的特点、技术水平和比赛内容，使之有利于学生体力和智力的发展，身体基本活动能力的提高，以及良好思想品德的养成。尤其要注意在比赛中，发展学生观察、分析、判断等能力，培养学生正确的胜负观和良好的心理素质。教师应仔细观察学生的表现，及时给予指导和教育。

第二，做好教学比赛前的准备工作。认真检查场地、器材，帮助学生做好心理准备，这些是能否顺利进行比赛的重要条件，如果为了节省时间而未充分做好教学比赛前的准备，极易造成伤害事故，既破坏了课堂学习、练习气氛，又达不到教学目的，使学生产生害怕心理，甚至留下阴影。因此，教学比赛前应提出明确的要求，充分做好准备活动，随时注意观察学生的表现，了解学生的心理活动，加强思想教育和组织安全工作，防止伤害事故的发生。

第三，比赛法不能代替武术教学。运用比赛法主要是检验教学质量，全面地了解学生技术的掌握情况。比赛法虽在一定程度上能活跃课堂氛围，提高学生练习的兴趣和热情，促进学生技术水平的提高，但是，在学生对所学内容还未达到熟练程度或没有掌握技术的前提下，过多地进行比赛，必然会影响学生对技术动作的掌握，不利于正确动作的形成和巩固，进而影响学生学习的积极性和兴趣。

第四，合理控制比赛的次数。比赛法是武术套路教学中的一种方法，但比赛的次数过多既影响正常的教学，也容易减弱学生对比赛的兴趣和积极性，甚至造成学生之间的矛盾。因此，在安排比赛时应做好赛前准备工作和赛后小结，使学生了解比赛的意义和在比赛中存在的问题。

（六）预防和纠正动作错误法

预防和纠正动作错误法，是指教学过程中为防止学生在学习和掌握动作的过程中出现的各种错误而采取的教学方法。由于武术套路教学的复杂性，学生在学习和练习中出现一些错误是正常的，教师应正确对待，同时还应有意识地针对学生出现的问题加以预防和纠正。在武术套路教学中，预防和纠正动作错误是十分重要的，它可以有效防止学生因动作错误而出现运动损伤。如果对学生出现的错误动作不进行及时纠正，一旦形成错误的动作动力定型，就要付出更多的时间和精力来纠正。因此，在武术套路教学中，教师必须对学生出现的错误动作进行有效的预防和纠正，做到及时发现、及时纠正。

预防和纠正动作错误时，首先应分析产生错误的原因，然后针对错误的主要原因，选用适合的方法予以预防和纠正。主要原因有以下五个方面。

第一，学习目的不明确。学习武术的目的不仅是了解武术文化，熟练掌握技术动作，提高攻防格斗能力，更是通过肢体语言体悟武术文化的过程。如果没有明确的学习目的，必然影响学生的学习兴趣，导致学生缺乏学习和完成动作的信心，极易出现错误动作。针对这种问题，教师应正确引导，加强学生学与练的目的性，注重武德的教化作用，激发学生热爱和传承武术文化的热情，消除畏难情绪，树立完成动作的信心，培养吃苦耐劳、勇敢顽强、不畏艰险的意志品质。

第二，学生对所学技术动作的概念模糊不清。学生在学习和掌握技术动作时，往往因对动作要领不明或受原有技能的干扰而出现错误。教师应注重讲解和动作示范的结合，强化学生对技术动作的理解并建立正确而清晰的动作表象，使学生在明确动作要领和要求的基础上，了解动作的难点和关键。同时，在练习的过程中应善于运用有效的教学方法，如启发性、诱导性和转移性练习，以预防和纠正因受原有技能干扰所产生的错误。

第三，教学要求远高于学生实际水平（体质条件、素质水平、技能基础等），难以达到教学要求。教师在教学过程中很容易出现对学生要求过高，或在动作不熟练和疲劳状况下进行练习，这是很难达到教学要求的，也极易出现错误动作。对于这种情况，教师应根据学生的实际情况，制定切实可行的教学任务和要求，使学生在教学中通过自身的努力，掌握正确的动作并达到教学要求。同时，学生运动技能的提高离不开身体素质的发展，控制学生疲劳的程度，加强有针对性的专项素质和辅助性练习，是行之有效的方法。

第四，教学安排不合理，组织教法不当。运动能力的形成是一个循序渐进的过程，有一定的规律。在武术套路教学中同样应遵循从易到难、从简单到复杂的过程。教学内容不系统、讲解不清楚、示范不规范等都是导致学生动作错误产生的原因。针对可能发生的问题，教师的备课尤为重要，要全面细致地了解学生，认真钻研教材教法，合理安排教学过程，并根据教材特点和动作错误的性质，有针对性地采取切合实际的教学方法。

第五，学生心理承受能力差。武术套路技术的学习不仅要熟练掌握全套动作，理解动作攻防含义，还要在快速多变的动作变换中突显"演"的表现力。心理承受能力差是多方面因素造成的，教师应根据学生的技术水平，有针对性地安排练习内容，提出相应的要求，加强诱导和提示，鼓励学生大胆完成动作，从而减轻学生的心理压力。

参 考 文 献

[1] 罗珅. 高校武术教师教学信念与教学效能研究 [M]. 长春：吉林大学出版社，2021.

[2] 郭玉成，丁丽萍. 武术与民族传统体育专业课程思政教学指南 [M]. 北京：人民体育出版社，2021.

[3] 陈善平. 传统武术和健康 [M]. 西安：西安交通大学出版社，2021.

[4] 童锦锋. 传统武术教程 [M]. 北京：中国财富出版社，2021.

[5] 艾丽. 民族传统体育理论与教学实践研究 [M]. 北京：中国社会科学出版社，2021.

[6] 王纳新. 太极拳"术道融合"教学的理论建构与实践 [M]. 北京：经济科学出版社，2021.

[7] 於世海. 高校武术教学的价值分析与优化研究 [M]. 长春：吉林大学出版社，2021.

[8] 王磊. 武术与武术文化教学 [M]. 北京：北京工业大学出版社，2020.

[9] 刘建国. 中国传统武术文化与教学实践研究 [M]. 天津：天津科学技术出版社，2020.

[10] 冼慧. 武术套路运动教学与训练导论 [M]. 北京：中国原子能出版社，2020.

[11] 梁田. 高校民族传统体育教学模式的创新性研究 [M]. 长春：吉林人民出版社，2020.

[12] 宋斌. 传统杨式太极拳教程 [M]. 广州：华南理工大学出版社，2020.

[13] 刘志兰. 传统武术文化继承与武术课程改革创新 [M]. 北京：中国

水利水电出版社，2020.

[14] 王德明. 中国传统武术启蒙教学：形意拳、太极拳、八卦掌、长拳研究 [M]. 北京：中国铁道出版社，2019.

[15] 马威，刘素静. 高校武术教学的多维度思考研究 [M]. 北京：中国纺织出版社，2019.

[16] 许俊菊. 我国传统武术教学的创新发展研究 [M]. 沈阳：辽宁大学出版社，2019.

[17] 封慧歆. 高职院校武术教学及传承发展研究 [M]. 长春：东北师范大学出版社，2019.

[18] 王健，孙小燕，陈永新. 中国武术文化的传承教育与可持续发展 [M]. 长春：吉林人民出版社，2019.

[19] 韦勇兵，申云霞，汤先军. 体育教学与运动技能分析 [M]. 长春：吉林人民出版社，2019.

[20] 蔡开疆，郭新斌，宋志强. 体育运动与教学指导 [M]. 天津：天津科学技术出版社，2019.

[21] 王和鸣. 民族传统体育文化在大学生体育健康教学模式中的融合与发展 [M]. 北京：北京工业大学出版社，2018.

[22] 薛文忠，杨萍. 健康、传承、弘扬 [M]. 长春：东北师范大学出版社，2019.

[23] 黄仁良. 行功走架杨式传统太极拳 [M]. 上海：上海科学技术出版社，2018.

[24] 李晨. 大学体育选项教程 [M]. 天津：天津科学技术出版社，2019.

[25] 郭纯. 武术课程探析与教学创新研究 [M]. 北京：中国纺织出版社，2018.

[26] 王继全. 高校传统武术教学的发展与实践研究 [M]. 北京：中国纺

织出版社，2018.

[27] 吴甫超. 武术教学与健康研究 [M]. 北京：人民体育出版社，2018.

[28] 刘晓梅. 传统武术教学与训练的创新研究 [M]. 北京：九州出版社，2019.

[29] 杨新. 素质教育引领下的武术教学设计与应用研究 [M]. 长春：吉林人民出版社，2018.

[30] 祁文文. 传统文化与武术教学研究 [M]. 新疆生产建设兵团出版社，2018.

[31] 冯文杰. 中华武术的现代传承与发展 [M]. 北京：中国商务出版社，2017.

[32] 李岩. 困惑与抉择：中国传统武术变革之路 [M]. 北京：九州出版社，2017.

[33] 辛娟娟. 运动技能与体育教学 [M]. 北京：九州出版社，2018.

[34] 王云峰，王学成. 教学改革视角下体育运动开展的理论与实践指导 [M]. 北京：中国商务出版社，2018.

[35] 张民安，林泰松. 体育教学法 [M]. 广州：中山大学出版社，2018.

[36] 张正. 正气道 [M]. 天津：天津科学技术出版社，2018.

[37] 田祖国，郭世彬. 民族传统体育 [M]. 长沙：湖南大学出版社，2018.

[38] 孙宝国. 高校体育审美教育研究 [M]. 长春：吉林美术出版社，2018.

[39] 王云涛. 表演武功技巧：体育表演专业 [M]. 武汉：武汉大学出版社，2018.

[40] 李朝旭. 打练南拳 [M]. 广州：华南理工大学出版社，2018.